Karl Pumberger-Kasper
BÜRGERMEISTER IM DORF

KARL PUMBERGER-KASPER

Bürgermeister im Dorf

Komisches – Ironisches – Gemeindechronisches

Alle Rechte beim Verfasser!

Gesamtherstellung:
Moserbauer Druck & Verlag, 4910 Ried i. I. (2013)

ISBN 978-3-902684-38-7

Prolog

Mit dem letzten Ruck des Sekundenzeigers auf seiner Armbanduhr, die ihn schon viele Jahrzehnte begleitet, war es also geschehen. Mitternacht, Korkenknallen, Pummerin, Donauwalzer. Draußen steigerte sich der Lärm der explodierenden Feuerwerkskörper ins schier Unermessliche. Grüblerisch verfolgte er den blaugrünen Auswurf einer detonierenden Rakete, den der Wipfel der mächtigen Silbertanne vor dem Fenster zu verschlucken schien.

Immer wieder leuchtete der Baum im fantastischen Farbenspiel kurz auf, ehe ihn die Dunkelheit von Neuem ernüchternd umschloss. Rauchschwaden zogen über den gespenstisch aufflackernden Himmel und malten schaurige Bilder in das Wolkengewebe der jungen Jännernacht. Mit diesem fast euphorisch verkündeten „Prosit Neujahr" des Radiosprechers war es also vorbei. Er war Bürgermeister gewesen. Exakt 17 Jahre lang, die ihm im Nachhinein wie Tage erschienen. Ein Gefühl von Leichtigkeit und Schwermut bemächtigte sich seiner. Ein Wechselspiel zwischen Zufriedenheit und Wehmut, zwischen Gott sei Dank und schade. Wie im Zeitraffer liefen die Monate und Jahre vor ihm ab, fast märchenhaft verklärt und doch von einer schier gnadenlosen Realität. Das

Eintauchen in eine breiige Masse von Ratschlägen am Beginn. Gut gemeint vielleicht, aber dennoch verunsichernd. Was um alles in der Welt geht in einem nach außen hin normalen Menschen vor, sich freiwillig in den zähnefletschenden Rachen einer Dorfgemeinschaft zu werfen, der Gefahr, durchgekaut und bei der nächsten Wahl ausgespuckt zu werden, trotzend? Wie hatte er diesen Tag herbeigesehnt, an dem all die Erwartungen, Befürchtungen, ja mitunter sogar Ängste in die Dimension der Realität traten. Welche Erleichterung die Belastung damals in jener mitternächtlichen Stunde vor 17 Jahren doch auslöste. Noch klangen ihm die Feststellungen „besorgter" Zeitgenossen in den Ohren:

„A paar Tag nuh, dann is's umi mit da Ruah, dann geht da Ernst des Lebens an!"

Wieder einmal der Ernst des Lebens. Wie oft er diesen Spruch schon gehört hatte. Bereits sein erster Schultag war mit dieser Prophezeiung behaftet und ließ dadurch nichts Gutes erwarten. Der Ernst des Lebens war für ihn damals das Ausziehen der leichten Sandalen des Vizebürgermeisters und das Hineinschlüpfen in das zu groß geratene Schuhwerk des Bürgermeisters. Der Ernst des Lebens waren die Auswüchse des Dorftratsches, die er jenseits von Mitternacht, hopfen- und malzbeseelt, zu hören bekam:

„Moanst scho dassd eahm an bist?"

Er blickte in das perlende Sektglas, schüttelte Hände, spürte Lippen auf seinen Wangen, die er keinem Gesicht zuordnen wollte. Durch die Tür strömte der rauchige Geruch abgebrannter Knallkörper, welcher ihn irgendwie an Weihnachten erinnerte. Aus, vorbei. Die Rückkehr zur Normalität. 17 Jahre Bürgermeister waren Geschichte. Damals, am 1. Jänner, flogen ihm Blicke und Glückwünsche zu, umkreisten ihn freundlich, neidisch, mitunter auch argwöhnisch. So wie jedes Jahr, das unvermeidliche Händeschütteln am Kirchenplatz mit allen und jedem. Nur, diesmal anders.

Von einem der auszog, das Fürchten zu lernen

Es ist ein typischer Neujahrsmorgen. Nur der Winter hat es dieses Jahr scheinbar verabsäumt, Einzug zu halten. Ansonsten bietet sich das alljährlich wiederkehrende Bild. Abgebrannte Feuerwerkskörper liegen in Form zerfetzter Pappkartonhülsen entseelt auf dem Dorfplatz. Leicht verkohlte Holzstäbchen zwischen zerborstenen Sektflaschen als stille Boten nächtlichen Treibens. Eine merkwürdige Stille, nicht vergleichbar mit der Stille abgeschiedener Wälder oder leiser Winternächte, vereint sich mit dem gleißenden Licht dieser morgendlichen Stunde. Schlaftrunken wirkt der Ortskern von Krasting, wie übernächtig hineingestolpert in ein neues Kapitel einer langen Geschichte. Auf einem kleinen Hügel inmitten des Friedhofes thront die Kirche, ein Bauwerk aus dem 14. Jahrhundert, dem heiligen Severin geweiht, umringt von einer Gruppe kleinerer Häuser. Die Hofmark, das Herz der Gemeinde, der Mittelpunkt einer kleinen dörflichen Welt. Zwei Wirtshäuser, ein Krämer und unweit davon der Bäcker. Etwas seitlich gelegen, hinter mächtigen Eichen, das Gemeindeamt mit dem bis zur Kirchenstiege heranreichenden gepflasterten Vorplatz.
Der dumpfe Klang der Kirchenglocke unterbricht fast befremdlich die Szene, deren unschuldige Naivi-

tät an die Illustration eines billigen Heimatromanes erinnert. Nur vereinzelt betreten nun Komparsen die Bühne, gehen langsam über das Granitpflaster des Dorfplatzes der Kirche zu. Es ist 8.15 Uhr, der Gottesdienst beginnt um 8.30 Uhr. Viel zu früh befinden viele, die ohnehin nur zu Weihnachten und Ostern die Kirche betreten. Viel zu früh für einen 1. Jänner. Es sind ältere Menschen, denen dieser erste Tag des Jahres wichtig erscheint. Hochfest Mariens, eine aus ihrer Zeit mitgebrachte Selbstverständlichkeit des Gottesdienstbesuches. Immer wieder treffen kleinere Grüppchen und Einzelne aufeinander und begrüßen sich freundlich mit dem traditionellen *„Gua Morgn".* Heute allerdings mit der fast euphorischen Ergänzung:

„A guats neichs Jahr und gsund bleibm!"

Ebenso die, wie eingelernt wirkende Erwiderung der dargebotenen Neujahrswünsche:

„Ja dös is dös Wichtiger und dir áh oiss Guate!"

Grundsätzlich ist Franz Grabner kein Freund dieser alljährlich wiederkehrenden Höflichkeitsausbrüche zu Weihnachten, zu Ostern und – im Besonderen – am ersten Tag des Jahres. Meist vermied er in den vergangenen Jahren bewusst ein gezieltes Zusammentreffen mit Personen an solch glückwunschgeschwängerten Tagen und ließ nur das Unvermeidliche über sich ergehen. Oft trat er den Gang zum Neujahrsgottesdienst frühzeitig an, um dann bereits am Kirchenplatz stehend, die Hand ausgestreckt, die Wünsche der Nachzügler erwidern zu können. Nichts ist im unangenehmer, wie als „Zuspätkommender" eine große Menge Anwesender zu durchlaufen und litaneimäßig, *„a guats neichs Jahr, a guats neichs Jahr, a guats neichs Jahr, ..."* herunterzubeten. Obendrein ist in solchen Situationen auch auf die Rangordnung zu achten. Bei welcher Person beginnt der Reigen des Händeschüttelns, welcher Druck der dargereichten Hand ist vonnöten, um damit mehr oder weniger Herzlichkeit auszudrücken. Versteckte Gesten, in Jahrhunderten dörflicher Entwicklung gereift und fast als verinnerlichtes Weltkulturerbe zu verstehen.

„Bürgermeister Franz Grabner." Immer wieder durchströmen ihn dieselben Gedanken, während er sich Schritt für Schritt dem Kirchenplatz nähert. Fast befremdlich klingt in seinem Inneren dieses „Bürgermeister". Fünf Jahre war er nun Vizebürgermeister und es galt als offenes Geheimnis, dass er der neue Bürgermeister werden sollte. Nur wann? Sein Vorgänger Alois Lerchfelder, seit fast zwei Jahrzehnten im Amt, ließ sich in solchen Dingen nicht in die Karten schauen.

„I woaß, wann ihs an Sinn ha und dös tuats", war seine trockene Antwort, wenn er am Stammtisch nach seinem Rücktrittszeitpunkt gefragt wurde. Diese verschwommene Aussage nährte den Dorftratsch und

ließ seltsame Rückschlüsse auf die Dauer seiner noch beabsichtigten Amtszeit entstehen. Viele waren der festen Überzeugung, er hätte das Aufhören ohnehin nicht im Sinn und würde seine Funktion noch um eine Periode verlängern. Seine Landwirtschaft mit 44 Hektar tragbarem Grund und fast 10 Hektar Wald hatte er seiner Frau verpachtet. Er selbst war seit gut zwei Jahren als Landwirt in Pension, wenngleich diese Tatsache an seinem bisherigen Leben wenig verändert hatte. Nach wie vor war er der Bauer, „da Moar z'Huiling", wie er nach seinem Hausnamen allgemein genannt wurde.

„*Wos tát a denn, wann a iatzt ois Bürgermoaster áfhörat*", war vielfach zu hören. „*Da Bua ruckt ja áh scho nacha und mecht amoi Bauer werdn. Und so schlecht is a ja nöt. Wer woaß, ob eahm da Grabner 's Wasser überhaupt reicha ka!*"

Er selbst, Franz Grabner, wusste natürlich etwas mehr.

„*Mindestens vier Jahr vo dera Periode mach ih nuh, aber dann kannst jederzeit damit rechna*", erwähnte der Lerchfelder einmal beiläufig während einer kurzen Besprechung. Zwei Drittel der sechs Jahre dauernden Periode waren erforderlich, um im Falle eines Rücktrittes nicht die gesamte wahlberechtigte Bevölkerung zur Abstimmung bitten zu müssen. Nach vier Jahren ist die Wahl durch den Gemeinderat gestattet, wodurch bei passenden Mandatsverhältnissen der

Bürgermeisterpartei eine erfolgreiche Wahl in der Regel gesichert erscheint.

Die vier Jahre gingen vorüber, ohne dass der Bürgermeister Alois Lerchfelder eine Amtsmüdigkeit erkennen ließ. Ihn zu fragen, wie lange er denn noch im Amt zu bleiben gedenke, war nicht die Art Grabners. Erst kurz vor Ablauf des fünften Jahres, am 27. November, bat der Bürgermeister den Vize in sein Büro und eröffnete ihm das bevorstehende Ende seiner Amtszeit:

„Soda, iatzt iss so weit, mit Jahresende hör ih áf. Du bist eh g'richt, wei ois selbständiger Spengler kannst das ja einteiln. Dann hast nuh a Jahr Zeit zon einarbeitn und dann derfat áh bei da Wahl an Herbst nix danebm geh!"

Obwohl er natürlich ständig damit rechnen musste, überraschte ihn die emotionslose Eröffnung dieses Ansinnens durch den Bürgermeister nun doch. Vor allem der schmale Zeitrahmen, der weniger als fünf Wochen betrug, um die unausweichliche Tatsache, die Mutation vom Vizebürgermeister zum Bürgermeister zu verdauen, verunsicherte ihn. Ab erstem Jänner würde er Bürgermeister sein, interimistisch vorerst, bis zur Wahl durch den Gemeinderat.

„Gua Morgn Franz, oder muaß ih iatzt Herr Bürgermoaster sagn?"

Eine ihm bekannte Stimme reißt ihn aus seinen Gedanken. Es ist der alte Fink, der plötzlich zwischen einer dichten Hainbuchenhecke und einer morschen Plakatwand auftaucht. Zaudernd tritt er aus dem letzten Teilstück eines schmalen Wiesenweges, der vor Jahrzehnten als „Kirchasteig" dem Zweck einer Abkürzung zur Kirche diente. Der alte Fink benutzt diesen Steig mehr aus Gewohnheit. Eine wirkliche Abkürzung stellt er für ihn nicht dar. Er wohnt am Rande des Dorfes in seinem Haus, das er sich in den Fünfzigerjahren gemeinsam mit seiner Frau erbaute. Sein Vorname Nepomuk ist den wenigsten Dorfbewohnern geläufig, da er allgemein als „der alte Fink" bezeichnet wird. Eigentlich stammt er aus dem Böhmischen, kam aber in den Nachkriegswirren nach Krasting, wo er sich als Taglöhner bei verschiedenen Bauern verdingte, ehe er in der regionalen Molkerei eine Anstellung als Buchhalter fand. Der rüstige Pensionist ist auch mit seinen 85 Jahren noch am Puls der Zeit. Dem hageren Gesicht verleiht die Goldrahmenbrille ein fast intellektuelles Aussehen. Der alte Fink ist dafür bekannt, Fragen stets mit einer Gegenfrage zu beantworten und während des Gespräches den Blick umherschweifen zu lassen. Er bekleidet auch die Funktion des Obmannes der Weltkriegsheimkehrer, welche er allerdings sehr differenziert sieht.

„A guats neichs Jahr Fink und lass bittschön den Bürgermoaster weg!"

Entgegen seiner Gewohnheit beäugt Fink sein Gegenüber kurz im direkten Blick, während er seinerseits die Neujahrswünsche erwidert und fast prophetisch hinzufügt:

"Ih bi da eh nix neidö und wünsch da áh für dei Amtszeit a guats Gelingen. Aber du werst scho wissn, wasd tuast!"

Die letzten 100 Meter bis zur Kirche gehen sie nun gemeinsam. Vor der Kirchenstiege steht bereits eine Gruppe Dorfbewohner, vorwiegend Männer, laut diskutierend, dann wieder hellauf lachend. Der Grund für die lustige Unterhaltung ist ein außergewöhnliches Ereignis der vergangenen Silvesternacht. Der Strieglhuber Sepp wollte seiner Frau zum 40. Hochzeitstag, welchen sie heute begehen, einen lang ersehnten Wunsch erfüllen, nämlich einmal ein eigenes Silvesterfeuerwerk zu veranstalten. Von Natur aus fast krankhaft sparsam, kamen für ihn nur preisgünstige pyrotechnische Artikel in Frage, die er sich über einen Bekannten illegal besorgen ließ. Als Abschussrampe wählte der Sepp eine unkonventionelle Vorrichtung. Er steckte die schweren Raketen der Reihe nach in das Hochbeet im Wurzgarten, Schlag Mitternacht zündete er nun unter dem Applaus der anwesenden Gäste, die aufgrund der lauen Temperatur das Spektakel im Freien verfolgten, sein allererstes Feuerwerk. Die über den Garten führende Telefonleitung hatte er in seiner Begeisterung nicht mehr bedacht. Eine der zischend aufsteigenden Raketen streifte nun so unglücklich die Leitung, dass dadurch eine schwerwiegende Kursänderung der zum Himmel Strebenden eingeleitet wurde. In einem spektakulären Bogen besann sie sich offensichtlich eines neuen Zieles und stürzte, der Schwerkraft folgend, in den Gartenteich des Nachbarn. Unmittelbar vor dem Aufprall am Wasser zündete sie allerdings die zweite Stufe, was einen gewaltigen Knall und ein optisches Farbenspiel im Nachbargarten zur Folge hatte. Die neben dem Teich stehenden Nachbarsleute hätte diese Darbietung sicher begeistert, wenn nicht zugleich eine riesige Wasserfontäne, vermischt mit exotischen Fischen, für eine unerwartete Neujahrsdusche gesorgt hätte.

Beim Eintreffen des neuen Bürgermeisters am Kirchenplatz ebben die bis dahin immer noch lebhaften Gespräche merklich ab und erneut greift das Ritual des Neujahranwünschens um sich. Von allen Seiten strecken sich die Hände dem Bürgermeister entgegen.

„A guats neichs Jahr, a guats neichs Jahr und gsund bleibm und vui Glück ..."

Der alte Fink steht unbeteiligt etwas außerhalb der Gruppe und tut sich schwer, seinerseits die Neujahrswünsche zu übermitteln.

„Na, wia fuiht ma sö ois Bürgermoaster", fragt jetzt der Ödbauer mit einem leicht ironischen Unterton in

der Stimme. Zumindest glaubt Franz Grabner diesen herauszuhören. Der Ödbauer, Max Hofer, ist eine schillernde Gestalt im Dorf, der es meisterlich versteht, den Leuten nach dem Maul zu reden und seinen Interessen dienliche Streitereien anzuzetteln.

„Da hat da Ödbauer wieder ankennt", sagen dann die Leute unter vorgehaltener Hand. Mit seinen 48 Jahren ist er um fünf Jahre älter als Grabner. Schon seit Jahren sagt man ihm Ambitionen auf das Bürgermeisteramt nach. Er gehört nicht zur Partei des Bürgermeisters, sondern ist als Gemeinderat in den Reihen der „Bürgerliste Österreichs" kurz BLÖ zu finden. Obwohl er dort offiziell keine Spitzenfunktion als Obmann oder Fraktionsführer einnimmt, gilt er dennoch als heimlicher Macher in seiner Partei. Im Gegensatz zur Fraktion des Bürgermeisters, der VVP, welche im Wortlaut „Volksvertretungspartei" heißt, verfügt die BLÖ nur über halb so viele Mandate im Gemeinderat. Als dritte politische Kraft der Gemeinde findet sich noch die „Partei für Zukunft und Weitblick", kurz PZW. Die Mandatsverteilung im Gemeinderat lautet folglich: VVP 10 Mandate, BLÖ 5 Mandate und PZW 4 Mandate. Max Hofer, der Ödbauer, streitet in der Öffentlichkeit jegliches Interesse an höheren Gemeindefunktionen vehement ab. Dennoch wollen die Gerüchte nicht verstummen, dass er bei der nächsten regulären Bürgermeisterwahl als Kandidat der BLÖ antreten könnte. Und sei es nur,

um einer vermeintlichen Verirrung in der langen Folge artgerechter Bürgermeister entgegenzutreten.

Wie kann es sein, dass erstmalig in der Geschichte von Krasting kein Bauer als Bürgermeister der Gemeinde vorsteht? Bedeutet dieser Umstand nicht den Anfang vom Ende, den endgültigen Zusammenbruch der dörflichen Ordnung? Vergleichbar mit dem Untergang der alten k. u. k. Monarchie, projiziert auf die unterste Ebene der Staatspyramide. Stellt diese Tatsache nicht das Ende des klassischen Dorfkaisers dar?

Der Umstand seiner nicht bäuerlichen Herkunft ist auch in der eigenen Partei von Franz Grabner nicht unumstritten. Anlässlich einer Mostkost vor einigen Jahren verstieg sich der damalige Parteiobmann der VVP, Gerhard Rüsch, unter Einfluss etlicher Krüge der süffigen Köstlichkeit zu einer folgenschweren Aussage:

„Da Franz is ja nöt zwider und bei dö Leit kimmt a áh an, aber bei dö Bauern wer ma Stimmen voliern! Ih ka grad hoffm, dass da Moar z'Huiling nuh amoi a Periode dranhängt, wei vielleicht find ma dann doh nuh an Bauern, der sö fia dös Gschäft hergibt!"

Was er aufgrund der lockeren Stimmung des fortgeschrittenen Abends allerdings nicht beachtete, war der Umstand, dass Max Hofer, der Ödbauer, Rücken an Rücken zu ihm saß und das Gespräch vom Nebentisch belauschte. Es war also nur eine Frage der

Zeit, wann der Ödbauer diese Aussage für sich und seine Partei nützen würde. Schon bei der nächsten Ausgabe der Parteizeitung der BLÖ, die vierteljährlich erscheint, war auf der Titelseite in riesigen Lettern zu lesen: „Vizebürgermeister Franz Grabner in den eigenen Reihen seiner Partei umstritten!" Bereits auf Seite 2 des Blattes folgte ein ausführlicher Bericht unter dem Titel: „Nicht nur im Wein, auch im Most ist Wahrheit!"

Der Parteivorstand der VVP tobte und legte daraufhin dem Obmann Gerhard Rüsch den Rücktritt nahe. Bei einer außerordentlichen Generalversammlung der VVP wurde Hilde Herstberger zur neuen Parteiobfrau gewählt, die loyal und im Gleichklang mit dem gesamten Vorstand hinter Franz Grabner steht.

Diese Gedanken gehen dem Bürgermeister durch den Kopf, während er die etwas zynisch gestellte Frage, wie man sich denn als Bürgermeister fühlen würde, mit einem bewusst gleichgültigen *„áh nöt anders wia sunst"* beantwortet.

Seit dem Zeitpunkt, an dem die Rücktrittsabsichten des nunmehrigen Altbürgermeisters Alois Lerchfelder, vulgo Moar z'Huiling, bekannt wurden, hatte sich im Umfeld von Franz Grabner Erstaunliches verändert. Schlagartig verstummten die Gerüchte, sein Vorgänger würde unter Umständen noch eine weitere Periode im Amt bleiben. Bisher eher dem

Altbürgermeister nahestehende Personen suchen nun fast auffällig die Nähe von Grabner. Leute, die ihn bis vor Kurzem niemals mit dem Vornamen ansprachen und eine direkte Anrede vermieden, fallen nun durch eine beinahe unterwürfige Leutseligkeit auf. Immer wieder drängen sich seither bei diversen gesellschaftlichen Ereignissen Personen fast gewaltsam an seine Seite, um einen Platz neben ihm zu ergattern:

„Bei dir gehts eh nuh a weng, Franz."

Manch einer versuchte auch, durch negative Äußerungen über seinen Vorgänger Alois Lerchfelder zu punkten:

„Is eh guat, wannst du Bürgermoaster bist, wei da Alt hat sö dö letztn Jahr überhaupt nix mehr antan!"

Solche Feststellungen sind Franz Grabner äußerst zuwider und er versucht, stets die Qualitäten des Altbürgermeisters hervorzuheben. Oftmals freilich mehr aus Respekt und Höflichkeit seinem Amtsvorgänger gegenüber, als aus wirklicher Überzeugung.

Des Kaisers neue Kleider

Für Alois Lerchfelder, den nunmehrigen Bürgermeister a. D., hatte sich der Alltag massiv verändert. Sprach er in den letzten Wochen seiner Amtszeit öfters davon froh zu sein, die Bürde des Bürgermeisteramtes endlich los zu werden, so erwachte er sehr schnell in einer ihm ungewohnten Welt. Sein Wort an den Stammtischen schien nicht mehr jenes Gewicht zu haben, dessen Wirkung oft hitzige Diskussionen abzukühlen vermochte. Seine Stimme mahnend, wissend, oder eben nur als Bürgermeister zu erheben, verfehlte ihre Wirkung nur selten. Sicher gab es auch zahlreiche Leute in Krasting, die seiner fast autoritären Persönlichkeit als Bürgermeister sehr ablehnend gegenüber standen.
„Dös is nuh oaner von altn Schlag, a richtiger Dorfkaiser. Ih moa, der woaß nuh nöt, dass d'Monarchie scho lang abgschaft habm. Wird schö langsam Zeit, dass a áfhört."
Oftmals erging sich der Dorftrasch auch über seinen undurchsichtigen Lebenswandel. Man glaubte, über die Schwächen des Bürgermeisters Bescheid zu wissen. Besonders seine Auftritte in Gegenwart attraktiver Gemeindebürgerinnen, die mitunter an ein Balzritual aus der Tierwelt erinnerten, erboste viele und öffnete Spekulationen Tür und Tor:

„Ih mecht nöt wissen, wos der a so treibt, wanna koana siagt. Dawei hat a eh a so a bráve Frau dahoam, der Stessl!"
Andere waren der festen Überzeugung, dass er viele seiner Abendtermine auf Bezirks- und Landesebene ohnehin nur zum Schein wahrnahm, um seiner Leidenschaft für das schöne Geschlecht zu frönen.

Diese Schwäche des Bürgermeisters war auch Max Hofer, dem Ödbauer, nicht entgangen. Als passionierter Jäger saß er zur Bockzeit, welche alljährlich am 1. Mai beginnt, fast tagtäglich auf seinem Hochstand im Feichtwald. Was er dabei immer wieder bedauerte, war der Umstand, dass die abendliche Dämmerung sein Ansinnen, einen „guten" Bock auszumachen, oftmals vereitelte. Deshalb trug er sich seit Längerem mit dem Gedanken, ein Nachtsichtgerät zu erwerben, wobei ihn der Preis dieser Sehhilfe bisher von einem Kauf abhielt. Nach dem Zusammenbruch des Kommunismus im Jahr 1989 wurde der Schwarzmarkt mit Unmengen verschiedenster Militärrequisiten aus den Beständen der roten Armee überschwemmt. Bei einem Ausflug in die damalige Tschechoslowakei erfüllte sich der Ödbauer seinen lang gehegten Wunsch. Er erstand im Hinterzimmer eines drittklassigen Bierlokals in Prag ein militärisches Nachtsichtgerät russischer Herkunft und schmuggelte dieses im Motorraum seines Mercedes nach Österreich. Dadurch hatte er nun die

Möglichkeit, auch bei unzureichenden Lichtverhältnissen die Tierwelt des Waldes zu beobachten und die häufigen Revierwechsel kapitaler Böcke zu seinen Gunsten zu nutzen. Selbst gegenüber seinen Nachbarn setzte er diese Art des Ausspionierens erfolgreich ein, wodurch er manch nächtliche Entdeckung zu seinem Vorteil auszunutzen verstand.

Bei einem seiner spätabendlichen Ansitze im Feichtwald erregte nun ein Fahrzeug, welches auf dem holprigen Waldweg einer Schottergrube zustrebte, seine Aufmerksamkeit. An einer von ihm gut einsehbaren Stelle erloschen die Lichter und der PKW ward von der tiefen Schwärze des Waldes verschluckt. Mit einem vielsagenden Lächeln schaltete der Ödbauer sein Nachtsichtgerät ein. Triumphierend legte er es nach wenigen Minuten neben sich auf die grob gezimmerte Sitzbank des Hochstandes und fuhr sich mit seiner klobigen Hand über das unrasierte Kinn. Das Fahrzeug, welches nun leicht schaukelnd im Zentrum der Schottergrube stand, war ihm bekannt. Es handelte sich um den BMW des Bürgermeisters Alois Lerchfelder.

Diese Entdeckung änderte das weidmännische Denken von Max Hofer. Nicht mehr das Erlegen eines kapitalen Bockes stand nun an erster Stelle seiner Überlegungen, sondern der offensichtliche Seitensprung des Bürgermeisters. So oft er sich in den folgenden Wochen von zu Hause in den Wald verabschiedete, sagte er mit seiner ihm eigenen Ironie:

„Ih geh as Bockpássn. Aber eigentlih gehts ma helder um d'Goaß, wei an Bock kenn ih eh!"

Woche für Woche beobachtete er nun die sich ständig wiederholende Szene. Immer gegen 22.30 Uhr steuerte ein Wagen durch die Dunkelheit des Waldes den bekannten Platz an, verweilte dort eine halbe Stunde, ehe er sich in entgegengesetzter Richtung entfernte. Max Hofer beobachtete genau, hoffte inständig die Beifahrerin könnte vielleicht den Wagen verlassen, damit er ihrer ansichtig würde, doch nichts passierte. Einmal stieg der Lenker des BMW kurz aus, welchen er sofort erkannte und somit auch die letzten Zweifel an der Richtigkeit seiner Vermutung ausgeräumt waren. Es war der Bürgermeister Alois Lerchfelder, „da Moar z'Huiling", der sich im Schutz des dunklen Waldes unbeobachtet wähnte.

Max Hofer erwog eine neue Strategie, um die Identität der Frau im Wagen zu erfahren. Ihm war aufgefallen, dass die nächtlichen Rendezvous immer donnerstags stattfanden. Dabei kombinierte er scharf. Donnerstag war auch Bürgertag im örtlichen Gasthaus. Das, so dachte er in seiner Zusammenhänge erfassenden Art, konnte kein Zufall sein. Die Frau im Wagen, so seine Überlegung, könnte einen Bürgertagsbesuch ihres Mannes für die amourösen Abenteuer nutzen. Aber, wer konnte das sein und vor allem, wie sollte er das erfahren? Fast eine Stunde saß der Ödbauer noch auf seinem Jägerstand und überlegte.

Als er gegen Mitternacht die Leiter seines Hochstandes hinunterstieg, umspielte ein zufriedenes Lächeln sein markantes Gesicht. Er hatte einen Plan.

Das Auto, welches am südlichen Dorfeingang, an einer kleinen Ausweichstelle geparkt stand, gehörte niemandem aus Krasting. Man kannte sich im Dorf, wusste über Gewohnheiten gegenseitig Bescheid. Vor allem aber fielen fremde Autos sofort auf. Nicht jene unzähligen Fahrzeuge, welche den Durchzugsverkehr darstellten. Mit denen hatte man sich abgefunden. Das waren Nomaden, Fremdlinge, welche die Landstraße benutzten, um irgend ein entlegenes Ziel zu erreichen. Geduldete Eindringlinge, lärmerzeugend und oftmals die vermeintliche Idylle störend. Aufsehen erregten stets geparkte Autos, welche keinem Gemeindebürger zuzuordnen waren:
„Dös is dös gleich Auto, wias da Weber hat, aber er iss nöt, es is a anderne Farb und áh nöt sei Nummer."
Mehreren Passanten fiel an diesem 9. Juli gegen 21 Uhr der dunkelrote Wagen auf. Einige nächtliche Spaziergänger versuchten im Vorbeigehen verstohlene Blicke ins Wageninnere zu werfen. Die hereinbrechende Dämmerung jenes lauen Sommerabends sowie die stark getönten Scheiben des Autos machten aber das Bemühen, Genaueres über den oder die Insassen zu erfahren, zunichte:

"Heint siagt ma ja nimmer amoi, ob wer drinn sitzt, mit eahnane dunkligna Scheibm."

Der Mann hinter dem Lenkrad wusste, dass er nicht zu erkennen war. Es war der Ödbauer Max Hofer. Von seinem Schwager, welcher in der Bezirksstadt wohnhaft war, hatte er sich den Wagen geliehen. Er wollte anonym bleiben bei seinem Vorhaben, das letzte Rätsel seiner „weidmännischen" Beobachtungen zu lösen. Er war sich sicher, irgendwann heute Abend musste der Bürgermeister bei seiner Rückfahrt vom Wald hier vorbei. Vielleicht erst in ein, zwei Stunden. Es war ihm egal, er hatte Zeit.

Beinahe wäre er eingenickt, als ein Lichtstrahl, welchen der Innenspiegel des Wagens reflektierte, fast schmerzlich seine ermüdenden Augenlider traf. Blitzartig war Max Hofer hellwach. Von hinten näherte sich ein Fahrzeug. Die grünlich schimmernde Uhr am Armaturenbrett des Wagens signalisierte ihm vier Zahlen: 23:11.

Der BMW von Bürgermeister Alois Lerchfelder rollte ahnungslos an dem am Wegrand geparkten Auto vorbei und bog noch vor der Ortstafel in einen Güterweg ein. Dem Wagen, der ihm nun in großer Entfernung folgte, maß er keinerlei Bedeutung zu. Bei einer kleinen Baumgruppe, etwa 500 Meter von der Ortstafel entfernt, hielt er an. Es war jene Stelle, wo sich der Güterweg mit dem vom Ortszentrum heranführenden Wiesenweg kreuzt. Hier war einstmals die Sammelstelle, wo die Bauern frühmorgens ihre Milchkannen abluden. Der „Milifahrer" holte sie später mit Traktor und Wagen ab und brachte sie zur Molkerei in die Nachbargemeinde. Ein grob gezimmertes Podest, auf welchem die Kannen abgestellt wurden, diente zur leichteren Handhabung beim Auf- und Abladen der schweren Gefäße. Längst haben Tankwagen der Molkerei die Arbeit des ehrbaren und körperlich anstrengenden „Milifahrerhandwerks" übernommen. Jahrelang bestand noch die hölzerne Bühne, die eine Zeitlang als Kultstätte und Treffpunkt junger Krastinger galt. Heute erinnert nur mehr ein von Gras und Unkraut überwuchertes Kopfsteinpflaster, welches als Ausweichstelle der schmalen Straße dient, an den ehemaligen Verladeplatz.

Max Hofer stoppte seinen Wagen, um den großen Abstand zwischen beiden Fahrzeugen beizubehalten. Er wusste, wohin die Person, die er beim Verlassen des Wagens schemenhaft wahrzunehmen glaubte, gehen würde. Blitzschnell erfasste er die Situation, wendete seinen Wagen und fuhr dem Ortszentrum von Krasting zu. Am Gemeindeplatz parkte er das Auto unmittelbar neben dem in den Dorfplatz einmündenden Wiesenweg. Fünf Minuten verharrte er in angespannter Ruhe, horchte erwartungsvoll in die fast mitternächtliche Stunde, genoss beinahe weidmännisch den zu erwartenden Abschluss seiner Pirsch, der einen Abschuss eines Kapitalen in seinem Revier übertreffen würde. Irgendwo versuchte jemand ein Auto zu starten. Es hörte sich an, wie das Röhren eines brunftigen Hirsches. Am Fahnenmast vor dem Gemeindeamt knöchelte der aufkommende Wind einen metallischen Rhythmus, welcher ihn irgendwie an den Gong einer beendeten Boxkampfrunde erinnerte.

Fast überraschte ihn nun der Takt herannahender Schritte, den ihm ein nächtlicher Windstoß aus der Schwärze des einsamen Wiesenweges einen Spalt breit in das Innere des Wagens trug. Gespannt blickte Max Hofer in die Dunkelheit, welche aus ihrem Innersten ein Geheimnis freizugeben schien. Undeutlich entstanden Konturen, Bewegungen, die allmählich zu einem Ganzen wurden. Fast gespenstisch wich die Dunkelheit, als die Frau in den Lichtkreis der Laternen des Gemeindeplatzes trat. Sie ging, unterstützt von zwei Walkingstöcken, zielstrebig ihres Weges. Max Hofer, der Ödbauer, wusste Bescheid. Die Stöcke dienten als eine Art Alibi für den Fall überraschender nächtlicher Begegnungen. Die Frau war ihm gut bekannt. Es war Anna Karst, eine Kollegin aus dem Gemeinderat, der Partei des Bürgermeisters zugehörig, und amtierende Obfrau des Ausschusses für Jugend und Familie.

Anna Karst gilt als äußerst engagiert, ist ehrenamtlich in vielen Vereinen tätig und ist durch ihre gewinnende Art ein angesehenes Mitglied in der VVP. Sie arbeitet beim Krämer von Krasting, dem Kaufhaus Holzner, und hilft auch als Kellnerin bei den verschiedenen Vereinsveranstaltungen im Jahreslauf. Gemeinsam mit ihrem Mann Klaus bewohnt sie ein Haus in der Siebenbürgerstraße. Die Ehe ist kinderlos geblieben, worunter besonders ihr Mann sehr leidet. Er arbeitet als Hausmeister im Bundesschulzentrum der Bezirksstadt. Die Stammtischbesuche donnerstags beim Kirchenwirt sind ihm über die Jahre zum fixen Bestandteil seines Lebens geworden. Der an sich ruhige Mann Klaus Karst verändert sein Wesen bereits nach wenigen Halben Bier. Anfänglich fast euphorisch gut gelaunt, brechen der zunehmende Alkoholkonsum und die fortschreitende Zeit den heiteren Gemütszustand von Klaus Karst und verwandeln ihn in einen sentimentalen Jammerer, der dann stets das Schicksal der Kinderlosigkeit beklagt. In den letzten Jahren hat sich unter den Stammtischbrüdern eine Art Wettbewerb eingebürgert:

„Wers z'sambringt, dass da Klaus rehrat wird, is beim nächstn Stammtisch frei. Den zahln ma sei Zech aus da Stammtischkássa!"

Diese Idee stammt vom Ödbauer Max Hofer, der hin und wieder zu späterer Stunde den Stammtisch besucht. Er ist es auch, der ein besonderes Talent an den Tag legt, wenn es darum geht, durch übertriebenes Bedauern Klaus Karst zu Tränen zu rühren, was dann durch heiteres Gelächter und eine Runde Freibier vom Wirt quittiert wird.

Als Klaus Karst um 1.20 Uhr das Wirtshaus neben der Kirche leicht schwankend verließ, war der rote Wagen am Gemeindeplatz längst verschwunden. Max Hofer, der Ödbauer, war diesmal nicht mehr zum Stammtisch gegangen. Zu sehr hatte ihn die Lösung des nächtlichen Rätsels beeindruckt. Er wusste, dass die Gewissheit über das Doppelleben des Bürgermeisters für ihn bares Geld bedeuten würde.

Eigentlich konnte sich auch in der Fraktion der VVP keiner einen Reim darauf machen, weshalb der Bürgermeister plötzlich die Erweiterung des örtlichen Entwicklungskonzeptes so entschieden vorantrieb.

„Ih woaß áh nöt, was a zweis hat. Mir habm ja eh gnua Baugrund. Warum mecht a den iatzt áh Richtung Öd umi erweitern? Da is ja eh grad dö Leidn von Ödbauern, dö ois Baugrund infrage kimmt."

Es war Franz Grabner, der damalige Vizebürgermeister, der neugierige Fragen seiner Fraktionsmitglieder mit dieser Aussage beantwortete. Bürgermeister Lerchfelder ließ nicht locker. Er gab die Änderung des örtlichen Entwicklungskonzeptes in Auftrag, ließ im Gemeinderat erfolgreich darüber abstimmen, wurde mehrmals bei der zuständigen Abteilung der Landesregierung vorstellig und erreichte nach zehn Monaten das gewünschte Resultat. Die Erweiterung des örtlichen Entwicklungskonzeptes wurde von der Abteilung Raumordnung des Landes genehmigt. Wenige Wochen später brachte der Ödbauer ein schriftliches Ansuchen auf das Gemeindeamt, worin es um die Umwidmung von 2 ha Grünland in ein Wohnbaugebiet ging. Er war sich sicher, dass er mit einer positiven Erledigung dieses Ansinnens rechnen durfte. Bereits ein Jahr später errichtete er neben seinem Gehöft einen modernen Schweinemastbetrieb. Der dazu nötige Kredit, wurde ihm infolge der Wertsteigerung seines Grundes von der örtlichen Bank problemlos genehmigt.

All diese Erinnerungen an seine aktive Zeit als Bürgermeister belasten nun Alois Lerchfelder zunehmend. Altlasten in Form nicht erfüllter Wünsche von Gemeindebürgern, die nach wie vor in den Köpfen der Betroffenen festsitzen und die sich bei mitternächtlichen Stammtischdiskussionen unverdaut Luft machen:

„*Dassd ma durt dös Haus nöt hibau lassn hast, dös vergiss ih da nia!*"

Diese Konfrontation mit seiner politischen Vergangenheit veranlasst Alois Lerchfelder zunehmend auch dazu, Entscheidungen seines Amtsnachfolgers kritisch zu kommentieren:

„*Dös hätt ih nöt dan, ih woaß nöt was eahm da eingfalln is!*"

Allerdings vernimmt man solche Aussagen stets in Abwesenheit des Bürgermeisters Franz Grabner, welcher aber auf Umwegen, über das gut funktionierende Nachrichtensystem des Dorftratsches, verlässlich informiert wird. Oftmals freilich um zahlreiche Facetten erweitert und nicht ohne einen Anflug von Schadenfreude:

„Dei Vorgänger is áh der Meinung, dass dös a Bledsinn is. Er hat gsagt, wann a dös gwisst hätt, dassd du da zuastimmst, hätt a dö nöt zu sein Nachfoiger gmacht!"

Obwohl Alois Lerchfelder nach wie vor in der Öffentlichkeit präsent ist und viele Veranstaltungen auf Ortsebene besucht, ärgert er sich mitunter über die Anrede bei der Begrüßung anwesendener Ehrengäste, zu denen er ebenfalls zählt. Als Bürgermeister a. D. oder als Amtsvorgänger des derzeitigen Bürgermeisters begrüßt zu werden, ist durchaus nach seinem Sinn. Nur die Bezeichnung „Altbürgermeister" ist ihm ein Ärgernis, welches an seinem Selbstwertgefühl als ehemaliger „Dorfcasanova" nagt. Dieser offensichtliche Missmut bei der Anrede „Altbürgermeister", der sich durch die Verfinsterung seiner Gesichtszüge auch optisch nicht verbergen lässt, bewirkt aber innerhalb der Dorfgemeinschaft das Gegenteil. Bei jeder passenden Gelegenheit bedient man sich nun umso lieber dieses, von Lerchfelder so gehassten Wortes, noch dazu in bewusst anderer Betonung:

"Ja, da schau her, da alt Bürgermoaster is áh da!"
Anlässlich der Neueröffnung des renovierten Kindergartens wurde auch der Bürgermeister a. D. Alois Lerchfelder in den Kreis der Ehrengäste geladen. So saß er in Erwartung der feierlichen Eröffnung durch den Landeshauptmann gespannt in einem eigenen VIP-Bereich. Ihm zur Seite Bürgermeister Franz Grabner, der in seiner Rede die Verdienste seines Vorgängers rund um die Verwirklichung des Vorhabens lobend erwähnte. Der Baumeister, welcher die einzelnen Bauabschnitte kurz vorstellte, hob während seiner Ausführungen mehrmals die anfänglichen Schwierigkeiten der Konzeptumsetzung hervor. Dabei bedankte er sich ausdrücklich bei Alois Lerchfelder, in dessen Amtszeit die Planungsarbeiten gefallen waren. Dreimal verwendete er dabei nichtsahnend die Anrede Altbürgermeister.

Einige Kindergartenkinder, die mit Gesangseinlagen den Festakt umrahmten, saßen unmittelbar vor den Ehrengästen. Während nun mehrmals vom Altbürgermeister die Rede war, vernahm man plötzlich eines der Kinder in der Stille einer kurzen Sprechpause:

"Is a Altbürgermeister so was Ähnlichs wie a Alteisen?"
Diese Aussage sorgte klarerweise für ein lautes Gelächter unter den hunderten Anwesenden. Alois Lerchfelder aber, „da Moar z'Huiling", zieht sich seither zunehmend zurück und tritt in der Öffentlichkeit nur mehr selten in Erscheinung. Seine Ernennung

zum Ehrenbürger nahm er zwar an, verbat sich aber eine öffentliche Feier. In der Gemeindechronik ist nachzulesen:

„Der langjährige Bürgermeister Alois Lerchfelder wurde durch einstimmigen Beschluss des Gemeinderates zum Ehrenbürger von Krasting ernannt. Auf ausdrücklichen Wunsch des neuen Ehrenbürgers wurde von einer offiziellen Feier Abstand genommen."

Alles am rechten Platz

Fast drei Monate ist Franz Grabner nun Bürgermeister von Krasting. Die Bürgermeisterwahl im Gemeinderat ging problemlos über die Bühne. Grundsätzlich schreibt die Gemeindeordnung bei Bürgermeisterwahlen durch den Gemeinderat eine geheime Abstimmung vor. Stellt allerdings eine Person aus dem Gremium den Antrag auf offene Wahl, ist bei einem einstimmigen Beschluss dieses Antrages eine Abstimmung per Handzeichen möglich. Um vor Überraschungen – auch aus den eigenen Reihen – gefeit zu sein, entschloss sich der Vorstand der VVP zu dieser Vorgangsweise. Die Fraktionsobfrau Hilde Herstberger stellte den Antrag, der nach kurzem Zögern der Oppositionsparteien einstimmig beschlossen wurde. Auch die darauf folgende offene Bürgermeisterwahl verlief zur Freude Grabners ohne Gegenstimme.

Der Ödbauer verfolgt mit der Strategie des Zustimmens ein eigenes Ziel. Bei einer Vorbesprechung erklärte er seinen Parteifreunden die Taktik:

„Es bringt nix, wann ma iatzt dagegn stimman. Dös macht bei dö Leit a schlechts Buid. Lassn man zerscht amoi gscheit anrenna und bei da Wahl an Herbst schlagn ma zua!"

Tatsächlich werfen die herbstlichen Landtags- und Gemeinderatswahlen bereits ihre Schatten voraus. Auch die Wahlen der Bürgermeister finden an diesem Tag statt. Dieser Superwahlsonntag mit drei verschiedenen Abstimmungen ist für den 23. September geplant. Bürgermeister Franz Grabner erhält fast täglich Einladungen der Bezirksparteileitung für irgendwelche Klausuren, Besprechungen, Strategieevents und dergleichen. Neben all den örtlichen Terminen in Form von Jahreshauptversammlungen der verschiedenen Vereine, Sitzungen der Pflichtausschüsse des Gemeinderates, sowie „private" Einladungen *(geh kimm amoi auf a Halbö vobei, dann kann ih das zoagn, wia weit der Falott auf mei Seit umagackert hat!),* stellt diese zusätzliche Wahlterminflut für ihn allmählich ein Problem dar. Sein Spenglereibetrieb, den er mit zwei Mitarbeitern betreibt, leidet darunter. Außerdem bekommt der Bürgermeister bei mitunter heiklen Gemeindeangelegenheiten die Zweischneidigkeit seines gegenwärtigen Amtes oft unverhohlen präsentiert:

„A, da schau her, bei dera Umwidmung stoist dö iatzt an. Aber dassd ma vorigs Jahr dös ganz Haus neich eindecka derfm hast, dös is da scho recht gwön. A anders mal woaß is áh, wo ih hi geh!"

Solche Aussagen schmerzen Franz Grabner besonders, zumal eine eindeutige gesetzliche Regelung für ein etwaiges Entgegenkommen in Umwidmungsan-

gelegenheiten keinerlei Spielraum vorsieht. Obendrein ist für die Einleitung eines Umwidmungsverfahrens ohnehin der Gemeinderat und in weiterer Folge das Land zuständig. In der gängigen Praxis der Dorfgemeinschaft ist bei einem Scheitern einer geplanten Änderung der Flächenwidmung jedoch stets der Bürgermeister verantwortlich:
"Wann a mögn hätt, wá scho was ganga. Da Leitner hat sein Garage áh bau derfm. Wahrscheinlih bi ih nöt bei da richtign Partei."

Der finanzielle Spielraum der Gemeinde Krasting ist gering. Dennoch gelang es der Gemeinde, ihren Haushalt in den letzten Jahren ausgeglichen zu budgetieren. Hauptverantwortlich für diesen erfreulichen Umstand ist die erfolgreiche wirtschaftliche Entwicklung der Krastinger Betriebe. Als größter Arbeitgeber beschäftigt die Firma Lüftinger beinahe 200 Personen. Noch vor 2 Jahrzehnten war Lüftinger ein kleines Sägewerk mit 10 Arbeitnehmern. *"Da Lüftinger Ságler"* ist in Krasting und darüber hinaus seit 80 Jahren ein Begriff. Erst die Zusammenarbeit mit einem großen Holzverarbeitungsbetrieb ermöglichte es dem Sägewerksbetreiber Karl Lüftinger, seinen Betrieb kontinuierlich zu erweitern. Seinem Sohn Christian, welcher seit 7 Jahren den Betrieb führt, gelang mit der Herstellung von Holzfertigteilelementen der Marktdurchbruch. Allein in den letzten 5 Jahren erhöhte sich die Zahl der Beschäftigten um fast 100 Personen auf den derzeitigen Stand. Dennoch ist die Gemeinde Krasting mit ihren knapp 1100 Einwohnern, noch immer bäuerlich strukturiert, obwohl in den letzten Jahren eine zunehmende Flucht aus der Landwirtschaft zu verzeichnen war. So gibt es mittlerweile keinen einzigen Nebenerwerbslandwirt mehr. Die Stallungen und Wirtschaftsgebäude stehen leer oder werden zu Wohnräumen umgebaut. Immer öfter sind aber auch einstmals stattliche Vierseithöfe dem Verfall preisgegeben. Alte Birnbäume, sofern sie aus Gründen rationeller Flächenbearbeitung nicht schon längst den Ketten der Motorsägen zum Opfer fielen, stehen verloren in einem fremd anmutenden Umfeld. Das Obst verfault, die Zeit der großen Möste ist vorbei. Die landwirtschaftlichen Flächen werden häufig an Vollerwerbsbauern verpachtet. Dieser Wandel kleinstrukturierter Landwirtschaft mit Streuobstwiesen und überschaubaren Getreidekulturen hin zu Großfeldeinheiten bereitet auch der Gemeinde Krasting aufgrund des hügeligen Geländes zunehmend Probleme. Durch den Rückgang der Wiesen kommt es nach Wolkenbrüchen immer häufiger zu Vermurungen von Straßen und Hauszufahrten. Empörte Hausbewohner lassen ihren Unmut stets dem Bürgermeister spüren:

„Da derfst was toa, den Saustall lass ma uns nimmer länger gfalln. Du mechst ja an Herbst gwählt werdn!"

Dem Bürgermeister sind in diesen Dingen die Hände gebunden. Mehr als an die Vernunft der Landwirte zu appellieren, durch saatgerechte Maßnahmen einen größtmöglichen Erosionsschutz zu gewährleisten, steht ihm an behördlichen Möglichkeiten nicht zur Verfügung.

Die Veränderung der Kleinlandwirte, der einstmaligen *„Häuslmanner"* oder *„Sácherl",* wie die Nebenerwerbslandwirtschaften umgangssprachlich genannt wurden, tritt auch in einem anderen Bereich mitunter drastisch zu Tage. Über Jahrhunderte wurden von den Kleinlandwirten Nutztiere gehalten. Kühe, Schweine, Hühner, Enten und Gänse, früher auch Pferde, stellten den typischen Viehbestand der *„Bauernsácherl"* dar. Diese Sölden waren Selbstversorger im wahrsten Sinn des Wortes, die nicht nur die Lebensmittel für den eigenen Bedarf erzeugten, sondern auch die unumgänglichen Abfallprodukte aus Haus und Stall in den natürlichen Kreislauf einbrachten. So waren die charakteristischen *„Misthaufen"* und *„Plumpsklos"* fast landschaftsprägend. Die Jauchegrube, kurz *„Adlgruah"* genannt, war die Hausklärlanlage, deren Inhalt aus Haus und Stall in den natürlichen Kreislauf eingebracht, das üppige Wachstum von Gras und Getreide gewährleistete. Mit dem Wegfall des landwirtschaftlichen Nebenerwerbes werden nun viele ehemalige Kleinlandwirte mit der Anschlusspflicht an die örtliche Kläranlage konfrontiert. Wenn in einem gesetzlich vorgegebenen Mindestabstand zur Liegenschaft der Kanalstrang vorbeiführt, ist ein Anschluss unumgänglich. Natürlich verursacht sowohl der Anschluss, wie auch die daraus resultierende Benützung nicht zu unterschätzende Kosten für die Hausbesitzer. Bürgermeister Franz Grabner fällt nun immer öfter die undankbare Aufgabe zu, Betroffenen die unangenehme Situation zu erklären. Dass er sich dadurch nicht unbedingt Freunde macht, muss er immer wieder in mitunter recht plumper Weise erfahren:

„Woaßt was ih da sag Bürgermoasta, du vostehst das, wirst dö bei dö Leit unbeliabt machst. Iatzt wird eh oiss teieriga und iatzt muaß ma für 's Scheißn äh nuh zahln!"

Es ist der Hoizhäusl Sepp, der sich als Betroffener ehemaliger Kleinhäusler am Stammtisch beim Kurvenwirt darüber entrüstet. Eigentlich heißt der Hoizhäusl Sepp Josef Wiker. Den Hausnamen Hoizhäusl Sepp gibt es bereits in der vierten Generation. Schon der Urgroßvater, der Großvater sowie der Vater des derzeitigen Besitzers der Holzhäuslsölde hießen Josef. Der Hausname leitet sich wahrscheinlich von dem hinter dem Sacherl beginnenden Waldstück ab. Es ist dies die einzige Stelle in Krasting, wo ein Ausläufer des Feichtwaldes bis zum Ortszentrum heranreicht. Der Holzhäusl Sepp hat seit einigen Jahren seine Landwirtschaft stillgelegt. Er selbst ist in Pension, nachdem er fast 40 Jahre als Lagerarbeiter bei einer Eisenhandlung in der Bezirksstadt seinen Dienst versah. Seine Frau, die sich in dieser Zeit hauptsächlich um die kleine Landwirtschaft kümmerte, ist gesundheitlich angeschlagen und muss zweimal wöchentlich zur Dialyse ins Krankenhaus. Der einzige Sohn der beiden, Josef der 5., der sich „Joe" nennt, hat sich bereits in seiner Jugend von der Art Landwirtschaft, wie sie sein Vater betrieb, distanziert. Seinem Bestreben, Jakobsschafe zu züchten und die Landwirtschaft biologisch auszurichten, konnte der Vater nichts abgewinnen, was letztendlich zum endgültigen Bruch mit seinem Elternhaus führte. Auch die Tatsache, dass er vor nunmehr fast 25 Jahren der erste Krastinger Bursche war, der sich anstatt des Wehrdienstes für den Zivildienst entschied, versetzte damals die Dorfbewohner in helle Aufregung. Ganz besonders litt aber sein Vater, der Holzhäusl Sepp, darunter:

„Mei Vater is bei dö Kaiserjáger gwön und ih bei da Wehrmacht a da Ostfront. Aber mei Suh hat nix bessers z'toan, wia an Altersheim a dö Leit an Oarsch putzn!"

Niemand in Krasting weiß so recht, womit der junge Holzhäusl „Joe" seinen Lebensunterhalt verdient. Dieser Umstand nährt die Gerüchteküche des Dorfes, wenn er sich zweimal im Jahr bei seinen betagten Eltern auf einen Kurzbesuch einstellt. Mit dem langen Haar, das im Nacken zu einem Zopf gebunden ist, passt er so gar nicht in das beschauliche Bild der Holzhäuslsölde. Besonderen Argwohn erregt auch die Tatsache, dass er über keinerlei motorisiertes Gefährt verfügt und sein einziges eigenes Fortbewegungsmittel ein altes Waffenrad darstellt, welches er bei seinen Anreisen in der Eisenbahn mitführt, um die Strecke vom Bahnhof in der Bezirksstadt hin zu seinem Elternhaus zu bewältigen. So oft er auf seinem Weg zur Holzhäuslsölde mit seinem klapprigen Fahrrad die Hofmark von Krasting durchfährt, stecken die Leute die Köpfe zusammen und tuscheln über die exotische Erscheinung:

„Da vokracht Hoizhäuslbua is wieder amoi da. Nöt amoi a Auto hat a, der Nixnutz, der gstunga. Werd a ament a Geld braucha von Vatern. Na der kám ma recht. Den zoagat ös, wo da Zimmermann 's Loh gmacht hat!"

Ein Umstand, welchen in Krasting niemand ahnt, ist die Tatsache, dass Josef Wiker jun. als diplomierter Sozialarbeiter in der Landeshauptstadt tätig ist. Selbst seine Eltern verschweigen tunlichst die berufliche Ausrichtung ihres Sohnes, weil sie den Begriff „Streetworker" für etwas Unmoralisches halten.

Die Galoschen des Glücks

Franz Grabner ist es mittlerweile gewöhnt, dass er bei seinen Stammtischbesuchen ständig mit Gemeindeangelegenheiten konfrontiert wird. Ein entspanntes Bier zu trinken, ist in der Regel nicht möglich. Auch die heutige Stammtischdiskussion beim Kurvenwirt steht im Zeichen eines aktuellen Gemeindethemas. In der sogenannten Moorsiedlung, bei der es sich um 8 Häuser handelt, welche in den Fünfzigerjahren erbaut wurden, gibt es zunehmend Streitereien zwischen zwei Nachbarn. Nach einem jahrelangen friedlichen Nebeneinander beider Hausbesitzer entwickeln sich mittlerweile Zwietracht und Misstrauen. Der Grund des Unfriedens ist ein Gartenhaus, das einer der beiden unweit seiner Grundgrenze zum Nachbarn errichtet hat. Anfänglich im Einvernehmen mit seinem Gegenüber, welcher sich mitunter auch zu einem nachbarschaftlichen Bier in der gemütlichen Holzhütte einfand, stehen die Zeichen nun auf Sturm. Verantwortlich für die feindselige Entwicklung der bisher guten nachbarlichen Beziehung ist wieder einmal der Ödbauer Max Hofer. Das Gartenhaus wurde ohne die dafür nötige Baubewilligung errichtet. Bürgermeister Grabner war bisher die Existenz eines

Gartenhauses, in dem durch Büsche und Bäume schlecht einsehbaren Gartengrundstück nicht bekannt. Zudem gibt es in Krasting mehrere „Schwarzbauten". Meist handelt es sich dabei um kleinere Erweiterungen bestehender Holzhütten oder um Verlängerungen von Dachvorsprüngen, sogenannten „Schupfen". Unter dem Motto: „Wo kein Kläger, da kein Richter", werden diese illegalen Bauwerke, sofern sie nicht eine Gefahr darstellen, geduldet.

Der Ödbauer versucht aus dem aktuellen Fall politisches Kapital zu schlagen. Immer öfter empfindet Franz Grabner den Ödbauern als Schatten, der seine Versuche, aufkommende Wogen im Vorfeld zu glätten, bewusst zu vereiteln versucht. Auch in dieser Angelegenheit kommt dem Ödbauern die Tatsache, dass es sich bei dem Errichter des umstrittenen Gartenhauses um ein bekennendes Mitglied der VVP handelt und der nunmehr protestierende Nachbar eher der BLÖ zuzuordnen ist, bei seiner Strategie sehr gelegen. Seit mehreren Monaten schmiedete er seinen Plan, diese „Gartenhaussache" zu thematisieren. Bei einem zufälligen Zusammentreffen mit dem Nachbarn des Gartenhauserbauers spielte der Ödbauer seine erste Trumpfkarte aus:

„Dass da du dös gfalln lasst, dass der sei Hüttn so weit zo dein Mari zuwerbaut hat. Da werst dö anschau, wanns amoi gscheit regnt. Da hast du dann dös ganz

Wasser herent. Und überhaupt is dös a Schwarzbau. Dös ka a sö äh grad leistn, weira an Bürgermoaster áf seiner Seitn woaß!"

Die Aussage verfehlte ihre Wirkung nicht. Der so plump auf diesen Umstand Hingewiesene verweigerte in der Folge den freundlichen Gruß des Nachbarn. Auf die Einladung, doch wieder einmal auf ein Gartenhausbier vorbei zu kommen, erwiderte er nur unwirsch:

„In a Hüttn, dö nöt amoi genehmigt is, schmeckt ma koa Bier!"

Daraufhin begann ein Streit, der von Woche zu Woche an Schärfe zunahm. Grundgrenzen wurden infrage gestellt, das Geäst der jeweils gegenseitigen Bäume musste gestutzt werden und selbst den befreundeten Kindern wurde der Umgang miteinander untersagt. Wieder einmal war es dem Ödbauern gelungen, ein durchaus glückliches Nebeneinander zweier Nachbarn auf dem politischen Altar demagogischen Parteiinteressen zu opfern.

Beide Streitparteien erbaten sich einen Termin beim Bürgermeister und brachten ihre Anliegen vor. Der Gartenhausbesitzer, eingeschriebenes Mitglied der VVP, gab unverhohlen zu, dass er nicht dran denke, sein illegales Bauwerk zu beseitigen.

„Wannst ma du dös vorschreibst, dass ih mei Gartnhäusl abreißn muaß, tritt ih aus da Partei aus. Da derfst dös halbert Krasting abreißn, wanns um dös

vorschriftmäßige Baun geht. Überleg da dös guat, Bürgermoaster, dös ka da áfn Kopf falln!"

Ähnliches bekam der Bürgermeister vom vermeintlich benachteiligten Nachbarn zu hören:

"Wann der Falott sei wuidwest z'samzimmerts Gartnhäusl nöt abreißn muaß, dann geh ih weida. Dös is scho wieder a so a parteipolitische Freinderlwirtschaft. 14 Tag gib ih eng Zeit, dann steht der Skándal a da Zeitung und dann wünsch ih da vui Glück bei da Wahl an Herbst!"

Die neueste Entwicklung im Nachbarschaftsstreit ist nun Thema beim Kurvenwirtstammtisch.

"Habts sös eh scho ghört, bei dö zwoa Streithánseln a da Gartnhausfront is gestern áf d'Nacht Polizei gwön. Da oa hat den andern sein Hund vergift, aber er streits ab und sagt, dös hätt a selber tan, dass a an Verdacht áf eahm lenkn ka!"

"A so a Bledsinn", meldet sich nun ein anderer zu Wort, *"der werd sein eigna Hund vogiftn. Da glaubat ih 's scho enter, dass a an Nachbauern vogiftert!"*

Franz Grabner hat von der neuen eskalierenden Entwicklung dieses Streites noch nichts gehört. Am Stammtisch ist er jetzt willkommenes Opfer und wird mit Fragen über die weitere Vorgehensweise in dieser Sache konfrontiert:

"Was tuast denn geh iatzt, Bürgermoaster? Irgendwas muaßt iatzt toa. Heint is's da Hund und morgn a Mensch oder gar oans vo dö Kinder. Ná, ih bi da eh nix neidö!"

Der Wirt des Gasthauses „Zum Kurvenwirt", Hans Riller, gilt als besonnener humoriger Mensch mit viel Lebensweisheit. Legendär sind seine zur jeweiligen Situation passenden Zitate und Wortspiele. Der Name des Gasthauses erklärt sich durch den Standort unmittelbar vor einer 90-Grad-Kurve der durch die Hofmark führenden Landstraße. Mittlerweile ist der „Kurvenwirt" in die Jahre gekommen. Längst könnte er seinen Ruhestand genießen, da er den Sechziger deutlich überschritten hat. Aber die Liebe zum Beruf des Wirtes, den er zeit seines Lebens im Nebenerwerb zu seiner Landwirtschaft ausübte, lässt ihn nicht los. Seine Kinder haben sich anderen Berufen zugewandt und leben weit entfernt ihr eigenes Leben. Die Frau von Johann Riller, eine begnadete Köchin, ließ sich schon in früheren Jahren kaum in der Gaststube blicken. Ihr verdankt das Wirtshaus jedoch seinen hervorragenden Ruf einer bodenständigen Küche zu mehr als angemessenen Preisen.

Hans Riller, der Wirt, sitzt nun schon eine geraume Zeit bei seinen Gästen am Stammtisch und lauscht gespannt der hitzigen Debatte über die ausufernden Streitereien rund um das nicht rechtmäßig erbaute Gartenhaus.

„He Hans, mei Háferl is láár. Hast leicht koa Bier nimmer? Schö langsam wird a alt, da Kurvmwirt."

Der Wirt ist viel zu sehr damit beschäftigt, der lautstarken Diskussion zu folgen, als sich um die leeren

Bierkrüge zu kümmern. Gedankenverloren greift er sich nun einige Gläser und sagt, während er sich am Zapfhahn zu Schaffen macht, fast prophetisch:
„Wia hoaßts so schö, wenn sich zwei streiten, freut sich der Dritte. Aber da Dritt is dá Bürgermoaster und der gfreit sö äh nöt. Aber vielleicht gfreit sö a anderna!"
Bis spät in die Nacht brennt an diesem Tag das Licht in der Gaststube des Kurvenwirtes. Franz Grabner, der Bürgermeister, verabschiedet sich gegen 23 Uhr. Die Hofmark von Krasting ist um diese Zeit menschenleer. Beim Kirchenwirt, dem zweiten Gasthaus im Ortszentrum, sind die Lichter bereits erloschen und auch der Verkehr auf der tagsüber stark befahrenen Landesstraße ist während der Nachtstunden nur in Form vereinzelter Fahrzeuge wahrzunehmen. Franz Grabner durchquert zügigen Schrittes das nächtliche Krasting. Sein Haus befindet sich am südlichen Ortseingang, einen Kilometer vom Kurvenwirt entfernt. Ein wohltuender Fußmarsch in der recht kühlen Mainacht. Gedankenversunken in die verfahrene Situation des eskalierenden Nachbarschaftsstreites durchwandert er das in der nächtlichen Stimmung beinahe befremdlich anmutende Dorf. Beim Kriegerdenkmal unweit der Kirche signalisiert ihm eine Neonröhre der in die Jahre gekommenen Straßenbeleuchtung einen dringenden Reparaturbedarf. Ihr flackerndes Licht malt

gespenstische Schattenspiele an die Fassaden der Häuser und zuckende Schattenfinger greifen bedrohlich in das Geäst eines blühenden Kirschbaumes.

Lange wird der Bürgermeister heute keinen Schlaf finden. Zuviel geht ihm in den letzten Tagen durch den Kopf. Dringend erforderliche Straßensanierungen, bei einem viel zu knappen Budget. Die Standortverlegung des renovierungbedürftigen Kriegerdenkmales, als Maßnahme zur Schaffung neuer Parkflächen. Ebenso die weiterhin offene Frage, wann und wie es mit der dringend nötigen Sanierung der Volksschule weitergeht. Die verschiedenen Wünsche seiner drei Feuerwehren und das aktuelle Problem rund um die illegale Errichtung eines Gartenhauses.

Nachdem der Bürgermeister das Gasthaus verlassen hat, entlädt sich am Stammtisch die während seiner Anwesenheit eher doch zurückhaltende Stimmung. Dabei sind die Ansichten der einzelnen Gemeindebürger durchaus auch parteipolitisch gefärbt.

„Iatzt kinna ma ja offm redn, is dös nöt a Schweinerei, wann ih oan an Hund vogift, wegn dera láppischn Hüttn?"

Das anerkennende Gemurmel wird durch einen scharfen Einwand eines anderen unterbrochen:

„Da muaß ih aber scho sagn, dö ganz Gaudi wár nöt a so eskaliert, wann der sein Gartnhäusl gesetzeskonform baut hätt. Wo kemma ma denn da hi, wann jeder

baut wias eahm dreinpásst? Da Bürgermoaster is oafach z'guat, da ghört amoi gscheit dreingfahrn, dann wárs gar nöt so weit kemma!"

Mit zunehmendem Bierkonsum und zu bereits weit über Mitternacht vorgerückter Stunde, ergeht sich der mittlerweile schon unverständlich klingende Diskurs über die Gemeindepolitik im Allgemeinen und die Eignung Franz Grabners für das Bürgermeisteramt im Besonderen.

Hört ein neutraler Beobachter, womöglich mit den örtlichen Verhältnissen nicht vertraut und daher unvoreingenommen, derartigen Stammtischdiskussionen zu, stellt sich für diesen wohl unweigerlich eine grundlegende Frage: Sind tatsächlich die richtigen Personen im Gemeinderat vertreten oder handelt es sich bei den Mandataren um eine Gruppe völlig ungeeigneter Dummköpfe mit einem total durchgeknallten Bürgermeister an der Spitze? Stellt der Stammtisch nicht eine Art dörfliches Schattenkabinett dar, deren Mitglieder aufgrund ihrer „verkannten Talente" zu Frustsäufern geworden sind?

Die verfahrene Situation rund um den anstößigen Schwarzbau bedurfte einer dringenden Lösung. Der Bürgermeister, aufgrund der Kürze seiner Amtszeit noch unerfahren, besprach das Problem bei einer seiner täglichen Arbeitsstunden am Gemeindeamt mit dem Amtsleiter Peter Müller. Der *„Sekretär",* wie der

Amtsleiter umgangssprachlich nach wie vor genannt wird, verfügt bereits über eine langjährige Erfahrung in der Leitung der Gemeindeverwaltung. Unterstützt von zwei Mitarbeiterinnen gilt er im Umgang mit den verschiedensten Situationen im Tagesgeschäft einer Gemeinde als besonnen und kompetent. Privat lebt Peter Müller eher zurückgezogen und frönt seinem Hobby, der Fischerei.

Der Bürgermeister weiß die Routine und Übersicht seines Amtsleiters zu schätzen. Schon in der Zeit als Vizebürgermeister wurde ihm die Wichtigkeit einer funktionierenden Zusammenarbeit zwischen Bürgermeister und Amtsleiter mitunter drastisch vor Augen geführt. Seinen Vorgänger verband ein eher ungutes Verhältnis zum Amtsleiter, was immer wieder zu Spannungen führte. Mitunter „rächte" sich der Amtsleiter für unnötige Zurechtweisungen des Bürgermeisters durch Verschweigen wichtiger rechtlicher Details in Verfahrensangelegenheiten. Bei so mancher Gemeinderatssitzung kam dadurch der mittlerweile zum Altbürgermeister gewordene Alois Lerchfelder in die peinliche Situation plötzlicher Ratlosigkeit und gezwungener Nachfrage beim Amtsleiter. Dieser genoss die Situation offensichtlich, was allerdings nicht zur Verbesserung des Verhältnisses zwischen den beiden beitrug.

„Da hat'n da Sekretär wieder anrenna lassn", sagten dann die Leute.

Das Gespräch mit dem Amtsleiter erwies sich als richtige Entscheidung für Franz Grabner. Die dem Gartenhauserbauer angebotene Lösung bestand darin, das ohne Fundament errichtete Bauwerk, mit zugegeben erheblich technischem Aufwand, um einen Meter zu versetzen, um den rechtlich erforderlichen Abstand zum Nachbargrundstück herzustellen. Die nicht vorhandene Bauanzeige sollte nachgereicht und die Dachwässer in einen Sickerschacht eingeleitet werden. Diese Variante der Legalisierung gefiel zwar dem Gartenhausbesitzer nicht besonders, er beugte sich aber mangels Alternativen der Aufforderung des Bürgermeisters und bereinigte in der Folge die baubehördlich untragbare Situation. Die Streitigkeiten zwischen den einstmals befreundeten Nachbarn blieben allerdings bestehen und entladen sich seither in regelmäßigen gegenseitigen Beschuldigungen bis hin zu Anzeigen und gerichtlichen Verfahren.

An den Stammtischen der Wirtshäuser bleibt die Groteske um das Gartenhaus noch eine Zeit lang dominierender Gesprächsstoff. Doch je näher der herbstliche Wahltermin rückt, umso politischer werden die Themen. Seit einigen Tagen dominiert allerdings ein neues Gerücht den Krastinger Alltag. Anna Karst, Gemeinderätin der VVP und Obfrau des Ausschusses für Jugend und Familien, ist angeblich schwanger. Jene Anna Karst, welcher man hinter vorgehaltener Hand nach wie vor ein Verhältnis mit Altbürgermeister Alois Lerchfelder nachsagt. Dabei ergeht sich der Dorftratsch weniger über ihr bereits reiferes Alter von 38 Jahren, welches für eine Erstgeburt vielen zu spät erscheint. Weit mehr bewegt manche Dorfbewohner ein anderer Umstand:

„Es hat doh oiwei ghoaßn, dö kinnan koane Kinder kriagn, wei bei eahm ebbs nöt stimmt. Wiaso gehts denn iatzt áfamoi? Hat leicht wirklö a anderna dreingfunkt. Geht leicht dös Dechtlmechtl mit dem altn Bürgermoaster nuh oiwei?"

Mitunter hört man auch Stimmen, deren Zweideutigkeit in Anspielung auf den vermuteten Kindesvater nicht zu überhören ist:

„Was habts denn oiwei, háts do frouh, wann Krásting wachst und überhaupt braucha ma in Zukunft áh wieder amoi an Bürgermoaster!"

Für Bürgermeister Grabner ist der Zeitpunkt des Bekanntwerdens der Schwangerschaft seiner Gemeindemandatarin und Familienausschussobfrau äußerst unangenehm. Die Tatsache, dass ihr Mann, Klaus Karst, bei seinen Stammtischbesuchen in der Vergangenheit immer wieder unter Jammern und Wehklagen die Aussichtslosigkeit jemals Kinder zu bekommen beklagte, nährt die Spekulationen um das Zustandekommen der Schwangerschaft zusätzlich. Über die unterschwellig vorgebrachten Vorwürfe gegen Anna Karst droht nun die gesamte Fraktion der VVP zu stolpern.

"Schauts sös an dö Phárisäer, a so toans, wia wanns eh scho alle heili wárn und eahna Familienobfrau is dö größer Mátz, dö sö mit den altn Gmeindöbock abgibt. Dö werdn d'Rechnung bei da Wahl scho kriagn!"

Solch harte Worte fallen natürlich immer unter vorgehaltener Hand oder in bierseliger Laune jenseits von Mitternacht. Dennoch verunsichert die Situation. Denn in 3 Monaten wird gewählt.

Der Schatten

Die Minuten und Stunden, so scheint es Franz Grabner, rieseln seit seinem Amtsantritt schneller denn je durch die Finger der Gegenwart. Sie stürzen förmlich über die Klippen der Zeit, die ungeduldig zum steten Aufbruch drängt. Einen Aufbruch zu einer Reise in ein Land, das sich Zukunft nennt und dennoch nie zum Verweilen einlädt.

Die Tatsache der für viele rätselhaften Schwangerschaft von Anna Karst verliert zusehends an Aktualität. Man nimmt es zur Kenntnis, spricht nur mehr gelegentlich darüber, wenn man die Frau zufällig irgendwo erblickt und ihr bereits gerundeter Körper eine flüchtige Bemerkung geradezu herausfordert. Der Dorftratsch gleicht oftmals einem Feuer, dessen wild lodernde Flammen allmählich erlöschen und nur das Stochern in der glosenden Wärme vermag noch ein paar Funken zu lösen. Erst wenn ein neues Scheit die sterbende Glut mit jungem Leben beseelt, lodert wieder die Flamme in ihrer Urgewalt.

Ein solches Scheit im Feuer des Dorftratschs brennt seit einigen Tagen heller denn je. Der Pfarrer von Krasting, mittlerweile 80 Jahre alt, gab für viele dennoch überraschend seinen Rücktritt bekannt. Zunehmende gesundheitliche Probleme mochten ihn zu diesem sicherlich schweren Schritt bewegt haben. Vor neun Jahren übernahm er nach dem tragischen Unfalltod seines Vorgängers die Pfarre Krasting. Nun, im 56. Priesterjahre stehend, wird er mit September ins Altersheim der Bezirksstadt übersiedeln und dort noch allfällige seelsorgerische Tätigkeiten übernehmen. Beim sonntäglichen Hochamt verkündete er, mit den Tränen kämpfend, seinen Entschluss. Gleichzeitig erwähnte er, dass es auch in Zukunft einen im Krastinger Pfarrhaus wohnenden Geistlichen geben werde, der allerdings zwei weitere Pfarren mitzubetreuen hätte. Nach einer kurzen Pause fügte er fast verlegen die Herkunft des neuen Seelsorgers hinzu.

„Euer zukünftiger Pfarrer stammt – aus Afrika. Genauer gesagt aus Nigeria. Ich bitte euch schon heute, ihn im Geist der Nächstenliebe bei euch als neuen Seelsorger aufzunehmen."

Diese Ankündigung verfehlte ihre Wirkung auf die Bevölkerung von Krasting nicht. Die im Verhältnis zur Einwohnerzahl kleine Gruppe an Gottesdienstbesuchern, deren Zahl stetig zurückgeht, sahen sich als Auserwählte, die Neuigkeit im gesamten Dorf zu verbreiten.

„Hast das eh scho ghört, da Pfarrer hört mit September áf!"

„A geh, dös gibts ja doh nöt, wer sagt den aso?"

„Er selbm, heint a da Kira, aber was nuh dös schöna is: A Neger wird sein Nachfoiger!"

Auch am Kirchenplatz und beim anschließenden Frühschoppen gibt es heute nur ein Thema. Am Ofentisch beim Kirchenwirt haben bei Weitem nicht alle Frühschoppenbesucher Platz. Die Stimmung schwankt zwischen Betroffenheit, ausgelöst durch den angekündigten Abgang des durchaus beliebten Pfarrers, bis hin zu spitzen Bemerkungen über seinen erwarteten Nachfolger.

„Ja Herrschaftseitn nuh amoi, háma iatzt nimmer amoi a da Lage, dass ma an unsrign Pfarrer kriagn. Früher habm mir dö Missionare oigschickt, dass eah a weng a Maniern und a Buiddung beibringan und dös hama iatzt davo. Iatzt überrenans uns. Mih siagt dann koana mehr a da Kira. Moanst ih gnock mih vor den Afrikaner hi!"

Die breite Zustimmung am überfüllten Ofentisch in der Gaststube ist ein untrügliches Zeichen einer Krastinger Besonderheit. Noch immer ist der Ungeist einer längst überwunden geglaubten Epoche des vorigen Jahrhunderts bei manchen Gemeindebürgern spürbar. Bei Weitem nicht alle Krastinger, Männer wie Frauen, halten die schrecklichen Tatsachen jener dunkelsten Epoche des 20. Jahrhunderts für wahr. Noch heute werden hinter vorgehaltener Hand die „Heldentaten" einer Gruppe damals schon älterer Krastinger erzählt, welche in den letzten Kriegstagen die verletzte Besatzung eines notgelandeten amerikanischen Bombers kurzerhand liquidierte. Und nicht ohne Stolz wird dabei bemerkt, dass Krasting als eine der letzten Gemeinden den vorrückenden Amerikanern erbitterten Widerstand leistete. Verheerende Verluste und unsagbares Leid in den Reihen des schlecht ausgerüsteten sogenannten Volkssturmes waren die Folge. Jene, die das Gemetzel damals überlebten, sind längst verstorben. Doch je größer der zeitliche Abstand zu diesen unrühmlichen Geschehnissen wird, desto mehr scheint das verzerrte Heldenepos in ein Licht des Verstehens gerückt zu werden.

Wie ein unsichtbarer Schatten bedeckt die spürbare Gesinnung aus Ablehnung und Argwohn die Gespräche am Stammtisch.

„Iatzt hama eh scho an Rauchfangkehrer der nöt gscheit Deitsch ka und iatzt vostehst geh a da Kira áh nix mehr!"

Drei Halbe Bier haben beim Holzhäusl Sepp die Zunge gelockert:

„Dös is bei dir eh wurscht, obst ebbs vostehst oder nöt, dih müaß ma ja nahn Schlusssegn sowieso oiwei áfwecka, sunst gángst an Frühschoppm áh nu z'lang", wendet unter dem Gelächter der Übrigen sein Tischnachbar ein. Der Holzhäusl Sepp, einmal in Fahrt gekommen, ist nicht mehr zu bremsen:

„Da Raufangkehrer a Krawat und da Pfarrer a Neger, geh her ma áf. Da gángs grad nuh ab, dass ma an ausländischn Bürgermoaster áh nuh kriagatn."

In die mehr und mehr aufgeheizte Stimmung schreit nun ein anderer:

„*Ja, wei a Schwarzer is a ja eh áh da Bürgermoaster und hier und da muaß ma Deitsch rödn damit, dass a oan vosteht!*"

Der ebenfalls anwesende Bürgermeister nimmt die versteckte Kritik mit Humor, meldet sich dann aber mäßigend zu Wort:

„*Ih sagat, iatzt wart ma amoi ab, wia sih da neich Pfarrer macht. Grad wegn den, weira koa Dasiger is, hoaßt dös nuh lang nöt, dass a nöt zu dö Leit ka.*"

Dieser Ansicht ist auch der alte Fink. In seiner fast belehrenden Art gibt er noch ein Weiteres zu bedenken:

„*Es is heitzutags nimmer selbstverständlih, dass ma überhaupt nuh seelsorgerisch versorgt wird. Es muaß eich klar sein, dass unzählige Pfarren gar nimmer besetzt sánd. Also was woi ma denn. Gebts dem kommenden Pfarrer a Chance und toatzn nöt gleich schlecht macha.*"

Der Ödbauer hat der lebhaften Diskussion bisher ungewöhnlich schweigsam zugehört. Jetzt, da sich das dominierende Thema des bevorstehenden Pfarrerwechsels zu erschöpfen droht, meldet er sich zu Wort:

„*Hat leicht Gemeinde überhaupt koa Mitspracherecht nimmer, wanns um a Neubesetzung vo a Pfarr geht? Ih woaß's hoid vo St. Ulrich, da hats dá Bürgermoaster*

z'sambracht, dass wieder an richtign Pfarrer kriagt habm. Oana ausn Voik und fürs Voik. Der Bürgermoaster is aber áh dahinter gwön!"
Franz Grabner, der am anderen Ende des Tisches nicht im direkten Blickkontakt zum Ödbauer sitzt, hat die ironische Bemerkung wohl verstanden. Doch noch ehe er dazu Stellung nehmen kann, berichtet schon der Obmann des Pfarrgemeinderates das eben Gesagte. Er ist Religionslehrer und in kirchlichen Angelegenheiten auch aufgrund persönlicher Interessen bestens informiert. In ungewöhnlicher Schärfe weist er vorerst die, wie er es formuliert, zutiefst unchristliche Kritik an dem kommenden Priester zurück. Den Ödbauer wiederum klärt er auf, dass Nachbesetzungen in Pfarren ausschließlich in den kirchlichen Bereich von Diözese und Dekanat fallen und keinesfalls in die Kompetenz eines Bürgermeisters.

Die drei Sprachen

Die Felder um Krasting sind abgeerntet, die Tage werden schon merklich kürzer und die Abende kühler. *"Da Wind geht vo dö Habernhaim"*, sagt der Volksmund, wenn sich das Jahr langsam dem Herbst zudreht. Früher liebte Franz Grabner diese späten Tage, wie er sie gerne nannte. Späte Tage deshalb, weil er ein letztes Aufflackern manch großen Sommers in ihnen zu spüren glaubte. Eine Nachlese beschaulicher Tage. Die Urlaubszeit bescherte ihm in seiner Spenglerei immer auch eine Zeit des Durchatmens. Wenige Vertreterbesuche, wegen Urlaub geschlossene Zulieferbetriebe nahmen zum Teil die Hektik aus dem sonst gnadenlosen Alltag. Toskanastimmung nannte er das und er liebte sogar die fast beruhigenden Geräusche der Mähdrescher, welche in den kurzen Sommernächten zum Zirpen der Grillen ihren tiefen Bass brummten. Er war nie der Typ für große Urlaubsreisen, vielmehr genoss er die Tage der Naherholung unweit von Krasting, vielleicht eine Autostunde entfernt und doch so weit weg von den täglichen Dingen. Im Einklang mit seiner Frau, früher auch mit den Kindern, einige Tage die Seele baumeln lassen. Wandern, in der würzigen Luft der Berge oder nur ausruhen an den Seen des heimatlichen Landes. Ein paar Tage, vielleicht eine Woche. Ausreichend und sich immer wieder auf zuhause freuend. Toskanastimmung.

Dieser erste Augustmonat seiner Amtszeit als Bürgermeister macht ihn ernüchtert auf die Veränderung liebgewonnener Rituale aufmerksam und verweist in fast unhöflich auf seine neuen Aufgaben. Die Tatsache, dass in etwas mehr als einem Monat gewählt wird, lässt Franz Grabner nicht zur Ruhe kommen. Natürlich sind die neuen Kandidaten der VVP für die Gemeinderatswahl nominiert. Einige Sitzungen des Parteivorstandes waren nötig, um auch die Reihung der Personen zu bestimmen. Es gab Diskussionen, Uneinsichtigkeit, mitunter sogar Streitereien. Fotos für Wahlplakate und Aussendungen mussten gemacht werden, Zeitungen wollten Interviews. Landes- und Bundespolitiker kamen und kommen im Wochentakt in die Bezirksstadt, reden von Verbesserungen, vom starken Eintreten gegen ein Ausdünnen des ländlichen Raumes, versprechen Geldmittel für dringend anstehende Projekte, wenn nur ausreichend Stimmen bei der kommenden Wahl für die richtige Partei abgegeben werden. Selbstverständlich hatte jede Gemeinde bei solchen Bezirkswahlkundgebungen mit einer vorgegebenen Zahl an Personen zu erscheinen, um ein geschlossenes Gesamtbild in den allgegenwärtigen Medien zu vermitteln. Der Parteiobfrau Hilde Herstberger fällt dabei die undankbare Aufgabe zu, immer wieder Parteifreunde für derartige Wahlveranstaltungen zu rekrutieren. Fast immer haben nur ganz wenige Zeit. *"Ih ka da nöt, da ha i scho lang was ausgmacht. Soid da Bürgermoaster fahrn, der wird eh zahlt dafür!"* Tatsächlich sind oftmals nur die Obfrau und der Bürgermeister bei den diversen Veranstaltungen zu finden, was mitunter für eine spitze Bemerkung vonseiten der Bezirksparteileitung sorgt. Bürgermeister Grabner hat sich auf Anraten der Bezirksparteileitung auch den persönlichen Besuch aller Krastinger Haushalte vorgenommen. Bepackt mit Parteibroschüren und einer Menge Taschenlampen mit der Aufschrift „gewidmet von Bürgermeister Franz Grabner – für eine helle Krastinger Zukunft" stapft nun der Bürgermeister seit einigen Wochen fast täglich durch seine Gemeinde und stellt sich in allen Haushalten mit seinen Geschenken ein. Eine Aufgabe, die ihm viel Überwindung abverlangt, da er von derartigen Werbemaßnahmen wenig hält.

„I kimm ma via wia a Hausierer", klagt er nach seiner spätabendlichen Rückkehr oftmals seiner Frau. Es ist nicht das Besuchen der Gemeindebürger, der Krastinger Männer und Frauen an sich, was seinem Naturell widerspricht. Grabner ist ein geselliger Mensch, der seit frühester Jugend in der Dorfgemeinschaft gerne gesehen ist und durch seine unterhaltsame Art manch gemütliche Runde zu bereichern ver-

steht. Vielmehr ist es der Umstand dieses von Haus-zu-Haus-Pilgerns, in dem er eine Art gespielte Unterwürfigkeit und Sympathieheischerei sieht. Natürlich ist er sich der Wichtigkeit des engen Kontaktes zur Gemeindebevölkerung bewusst. Allein die Tatsache, dass just vor jeweils anstehenden Wahlen diese Art der Volksnähe in dieser prostituierenden Form zu praktizieren ist, befremdet ihn. Auch die Scheinheiligkeit manch besuchter Personen, deren fast barmherzige Anteilnahme an seinen nicht immer leichten Aufgaben als Bürgermeister einer oscarreifen Leistung gleicht, ist ihm unangenehm. Im Gegensatz dazu gibt es natürlich auch jene Mitbürger, welche den Besuch des Bürgermeisters für die Auflistung ihrer oftmals übertriebenen Anliegen nutzen und in vorwurfsvoller Form ihre vermeintliche Benachteiligung gegenüber anderen beklagen:

„Aha, kennt mas scho, dass geh Wahln hánd, weil sö da Bürgermoaster selbm áh amoi dö Müah macht, dara vobeischaut. Mir werdn sunst eh oiwei übersehgn. Da Schneepfluag kimmt zo uns áf d'Letzt, bein Schuibus iss dös Gleich und wann geh unser Stráßl amoi hergricht wird, dös wer ih eh nimmer dalöbm!"

Dabei handelt es sich bei derartigen Kritikpunkten, wie den schlechten Zustand des „Straßls", meist um mehrere Kilometer lange Straßenstücke, die oftmals nur die Zufahrt zu einer einzigen Liegenschaft darstellen. Mitbenützer sind gegebenenfalls noch

Grundanrainer von Wald- und Feldflächen. Diese Güterwege, einstmals einfache Schotterstraßen, wurden vor Jahrzehnten staubfrei gemacht, ohne sie jedoch mit einem dementsprechenden Unterbau auszustatten. Dem Wandel der Landwirtschaft hin zu schwereren Gerätschaften, halten nun diese Straßen nicht mehr stand. Die nötigen Instandsetzungsmaßnahmen belasten das Gemeindebudget enorm. Obendrein sind solche, ohne Zweifel nötige Investitionen aufgrund der wenigen Nutznießer nicht besonders attraktiv und führen oft zu Querelen im Gemeinderat.

„Wås nöt gscheiter, mir tåtn amoi bei der Siedlungsstraß was. Da hättn zwoanzg Häuser was davo, bevor ma den da zui a Privatautobahn baun!"

Nicht nur der Bürgermeister ist in diesen Tagen wahlwerbend unterwegs. Auch die Spitzen der anderen Parteien nützen jede Gelegenheit, um sich und ihre Partei ins Rampenlicht zu rücken.

„Vor a Wahl wird oiwei in drei Sprachn gredt. Jede Partei redt grad vo ihr selbm. Aber d'Hauptsach iss doh, dass hintnachi wieder mitanand redn!"

Ein bekannter Spruch vom Kurvenwirt, wenn am Stammtisch über die bevorstehenden Wahlen gesprochen wird. Sowohl die PZW, die „Partei für Zukunft und Weitblick", wie auch die BLÖ, die „Bürgerliste Österreichs", schicken eigene Bürgermeisterkandidaten ins Rennen. Entgegen jahrelanger Spekulationen, Max Hofer, der Ödbauer, könnte selbst für das Amt des Bürgermeisters kandidieren, schickt die BLÖ einen jungen Lehrer namens Oskar Huber in den Ring, welchem aber aufgrund mangelnder Bekanntheit im Dorf keine ernsthaften Chancen, wahlentscheidend eingreifen zu können, gegeben werden. Was den Ödbauer, der die Zügel in der Partei fester denn je in den Händen hält, letztendlich dazu bewogen hat, nicht selbst in den Ring der Bürgermeisterwahl zu steigen, kann nur vermutet werden. Zum einen ist es wohl die von ihm selbst fast philosophisch verkündete Erkenntnis, *„aus da zweitn Reih is besser schiaßn"*, wie auch die realistische Einschätzung seiner eigenen Persönlichkeit, die ihn an einem wahlentscheidenden Erfolg seiner Kandidatur zweifeln lässt. Natürlich wird dem Ödbauer gerne „ministriert", das heißt man stimmt ihm zu, wenn er im Wirtshaus alles und jedes kritisiert, was an nötigen aber oft unattraktiven Maßnahmen vonseiten der Gemeinde erforderlich erscheint. Dabei stellt er auch immer wieder Dinge infrage, denen er selbst mit seiner Partei im Gemeinderat zugestimmt hat. Für viele ist auch die offen zur Schau getragene einschmeichelnde Art des Ödbauer ein Grund, seine Gesellschaft zu suchen:

„Da Ödbauer is nöt zwida und was a sagt, dös stimmt. Oiss derf ma sö nöt gfalln lassn. Schad, dass a nöt kandidiert, wei mei Stimm hätt a!"

Dennoch gibt es nicht wenige, die das doppelte Spiel von Max Hofer durchschauen:

„An bessern iss, wann ma nöt zvui anstroaft bein Ödbauern, wei er is ja doh a hinterfotziger Falott!"

Für die PZW, die Partei für Zukunft und Weitblick, geht mit dem 53-jährigen Michael Lausinger ein Parteiveteran ins Rennen um das Bürgermeisteramt. Bereits vor sechs Jahren kandidierte er gegen den damaligen Bürgermeister Alois Lerchfelder. Als einziger Gegenkandidat trat er fast aussichtslos gegen den langjährigen Amtsinhaber an. Bei der Wahl wurde Lerchfelder mit fast 80 Prozent der Stimmen eindrucksvoll in seinem Amt bestätigt. Eigentlich wollte die PZW diesmal auf einen eigenen Kandidaten verzichten, doch Lausinger ließ es sich nicht nehmen, nochmals sein Glück zu versuchen. Dabei geht es ihm weniger darum, Franz Grabner sein Amt streitig zu machen. Seine Stoßrichtung der Kandidatur ist auf den Kandidaten der BLÖ, Oskar Huber, gerichtet. Lausinger mag Huber nicht. Die Ursache dieser Abneigung gegen den Volksschullehrer entstand aus einer beinahe banalen Angelegenheit. Sowohl die Frau von Michael Lausinger wie auch die Lebensgefährtin von Oskar Huber sind Mitglieder des Kirchenchores. Seit Jahrzehnten sang Gertraud Lausinger die Sopransolos im Kirchenchor. Die Qualität der Darbietungen war nicht schlecht, dennoch war ihr Gesang irgendwie hölzern, was für ma

Gottesdienstbesucher aufgrund der Häufigkeit ihrer Auftritte als Belastung empfunden wurde. Niemand wagte sich allerdings mit einer Kritik an die Öffentlichkeit, da Gertraud Lausinger in Krasting durch ihre Hilfsbereitschaft sehr beliebt ist. Vor etwas mehr als 7 Jahren kam nun Oskar Huber als junger Lehrer nach Krasting. Seine Lebensgefährtin, Evelyn Reuß, hatte Gesang studiert, ehe sie sich für den Lehrerberuf entschied und nun als Hauptschullehrerin in einer Nachbargemeinde arbeitet. Es kam wie es kommen musste. Oskar Huber, selbst ein begnadeter Musiker und als sogenannter *„Zuagroaßter"* mit den Benimmregeln der Dorfgemeinschaft wenig vertraut, kritisierte öffentlich den Gesang von Gertraud Lausinger. Zugleich bekundete seine Lebensgefährtin Evelyn Reuß ihr Interesse an einer Mitwirkung im Kirchenchor. Der Chorleiter und Organist, welcher als Schulleiter auch der Kollege und Vorgesetzte von Oskar Huber ist, kam in eine peinliche Situation. Er hatte die hochgehenden Wogen bei den Mitgliedern des Chores zu glätten, welche sich in großer Mehrzahl auf die Seite von Gertraud Lausinger schlugen und musste obendrein versuchen, die ablehnende Front gegenüber dem neuen Chormitglied Evelyn Reuß aufzuweichen. Mit viel Einfühlungsvermögen gelang es dem Chorleiter schließlich, die aufgebrachte Gemeinschaft wieder einigermaßen zu befrieden.

̈nzig der Mann von Gertraud Lausinger hat bis

heute nicht akzeptiert, dass nun nicht mehr nur seine Frau, sondern häufiger Evelyn Reuß die Solos singt. Den Schuldigen an dieser, wie er es nennt *„hinterfotzign Weis"*, sieht er eindeutig in Oskar Huber. Diesen Kandidaten der BLÖ in die Schranken zu weisen, ist für ihn der einzige Grund seines intensiven Wahlkampfes. Auch er besucht sämtliche Krastinger Häuser und wirbt dabei auf ziemlich plumpe Art um die Gunst des Wahlvolkes.

„Wannz scho nöt mih wähln mögts, dann wählts hoid an Grabner Franz, bevors den Kreidentágler, den scheinheiligen, ankreizelts!"

Dieser eher einseitig ausgetragene Konflikt der beiden Bürgermeisterkandidaten spielt sich in direkten Duellen auch an den Stammtischen ab. Einen großen Teil der Krastinger Bevölkerung amüsiert allerdings diese Art der Auseinandersetzung. Bürgermeister Grabner ist dabei eine Art lachender Dritter.

Die Wahlen sind geschlagen. Franz Grabner gewann mit 67,5 Prozent der gültig abgegebenen Stimmen, klarer als er es selbst erhofft hatte. Michael Lausinger eroberte zu seiner großen Freude 24,3 Prozent und verwies damit Oskar Huber mit enttäuschenden 8,2 Prozent auf den dritten Rang. Auch im Gemeinderat gab es eine überraschende Veränderung. Trotz des schlechten Abschneidens ihres Bürgermeisterkandidaten eroberte die BLÖ von der PZW ein Mandat und hält nun bei sechs, während die Partei für Zukunft und Weitblick nur mehr mit drei Personen im Krastinger Gemeinderat vertreten ist. Unverändert blieb der Mandatsstand bei der VVP. Die Tatsache, dass das zehnte Mandat nur mit wenigen Stimmen abgesichert ist und ebenfalls beinahe zur BLÖ gewandert wäre, trübt allerdings die Freude bei den Parteiverantwortlichen.

Die Strategie von Max Hofer scheint aufgegangen zu sein. Schon im Wahlkampf fiel auf, dass er seinen Bürgermeisterkandidaten Oskar Huber oftmals nur nebenbei erwähnte und ihm die erwartete Unterstützung vielfach versagte. Selbst die Bevölkerung von Krasting erkannte dieses offensichtliche Desinteresse der BLÖ an ihrem Spitzenkandidaten.

„Dass sö da Lehrer für so was hergibt. Der wird ja grad vohoatzt. Es dräht sö eh grad oiss uman Ödbauern!"

Tatsächlich war das erklärte Ziel Max Hofers, die Erstarkung der BLÖ im Gemeinderat. So predigte er im engsten Kreis seiner Parteifreunde stets seine Devise:

„An Bürgermoastersessl brauch ih nöt. Wichti iss, dass ma an Gemeinderat stärker wernd und wanns geht, dö Absolute vo da VVP brechan. Dann ghörns uns. Dann schaffm mia an und da Bürgermoaster is grad nuh a Marionettn."

Dass er dieses Ziel so knapp verfehlte, ist trotz der Freude über den gewonnenen Sitz im Gemeinderat eine herbe Enttäuschung für den Ödbauern.

Etwas

Mehr als zwei Jahre sind seit den Wahlen ins Land gezogen. Bereits das vierte Jahr ist Franz Grabner nun Bürgermeister von Krasting. Längst ist ihm der Jahreszyklus des Bürgermeisteramtes vertraut. Neben den alltäglichen Problemen und Herausforderungen, die das Amt zwangsläufig mit sich bringt, gibt es auch unzählige Termine in Form bestehender Fixpunkte im Jahreskreis. Jahreshauptversammlungen, Mostkosten, Eröffnungen, bis hin zu den unverzichtbaren Weihnachtsfeiern. Viele Tagesordnungspunkte charakterisieren die einzelnen Versammlungen, mit den notwendigen Berichten des Kassiers, der Rechnungsprüfer, des Schriftführers, selbstverständlich des Obmannes oder der Frau an der Spitze und die unverzichtbaren Grußworte des Bürgermeisters. Für eine ständige Anspannung bei Franz Grabner sorgt dabei stets der Inhalt dieser Art Ansprachen. Die sich allmählich erschöpfenden Themen, auf die Vergesslichkeit einer Jahreszeitspanne vertrauende Reden. Was habe ich letztes Jahr besonders erwähnt? War nicht ein Teil der anwesenden Mitglieder vergangene Woche auch bei der Jahreshauptversammlung des Musikvereines zugegen? Immer das Vorbildhafte, das Wichtige und Gemeinschaftsfördernde in den Mittelpunkt zu stellen und auf besonders aktive Personen zu verweisen, ohne dabei den Eindruck einer Bevorzugung Einzelner zu erwecken, ist eine ständige Herausforderung für den Bürgermeister. Besonders bei den getrennt abgehaltenen Versammlungen seiner drei Feuerwehren ist ein außerordentliches Fingerspitzengefühl erforderlich.

„Wia lang is denn bei engerna Versammlung da Bürgermoaster da bliebm? Was bis zwoifi, bei uns is a um dreiviertl Elfi scho dahi gwön. Na ja, ös háts ja áh sei Lieblingsfeierwehr, mit an neichn Zeighaus!"

Es sind vor allem die verschiedenen Wünsche der drei Krastinger Feuerwehren, die dem Bürgermeister das Leben mitunter schwer machen. Bei allem begrüßenswerten Eifer und der vorbildlichen Einsatzbereitschaft seiner Wehren ist doch ein argwöhnisches, gegenseitiges Beäugen nicht zu übersehen. Der Gemeinde sind aber bei den eingeforderten Notwendigkeiten, wie Zeughaussanierungen oder der Erneuerung des Fuhrparks, die Hände gebunden. Nur bei finanziellen Zusagen durch das Land können die einzelnen Wünsche auch realisiert werden. Es ist aber in der Regel immer der Bürgermeister, welchem man die Schuld an gescheiterten Ansuchen zuweist:

„Wann a mögn hätt, wá scho was gehat wordn mit dem KLF. Aber eahm is ja d'Sportplatzsanierung wichtiger gwön. Ih bi grad neigierö, ob nextsmal d'Fuaßballer ausruckan, wanns brennt!"

Derartige Aussagen ärgern Franz Grabner besonders, da letztendlich die finanziellen Mittel des Landes aus ressortspezifischen Töpfen verteilt werden. Dieser Argwohn gegenüber den praktizierten Finanzierungsmodellen und der damit verbundenen Optik, das Geld würde ungleich aufgeteilt oder willkürlich verwendet, fällt an den Stammtischen auf fruchtbaren Boden. Die Tatsache, dass auch das Land im Hinblick auf seine Finanzgebarung auf Fördermittel des Bundes und der EU angewiesen ist, findet daher zum Gedankengut „Eingefleischter" selten Zugang. Oftmals fällt dem Bürgermeister ein dazu passender Spruch des „Kurvenwirtes" Hans Riller ein:
„Wannsd das alle recht machst, machst das wieder nöt alle recht!"

Schon um 6.15 Uhr läutet an diesem sonnigen Junitag das Telefon im Hause Grabner. Der Bürgermeister, bereits seit 5.30 Uhr auf den Beinen, war schon mit betrieblichen Vorbereitungsarbeiten beschäftigt, ehe er sich jetzt bei einer Tasse Kaffee der Tageszeitung widmet. Seine Frau nimmt den Anruf entgegen und schon vernimmt er ein ihm bestens Vertrautes *„an kloan Moment, er is eh da."* Ein Anruf um diese Tageszeit kann weniger dem Unternehmer Franz Grabner als vielmehr dem Bürgermeister gelten. Der vielsagende Blick seiner Frau, welcher ihn beim Überreichen des Telefonhörers trifft, verheißt nichts

Gutes. Es ist wieder einmal die Segleitnerin, eine pensionierte Witwe, deren Haus in der nahe zur Hofmark gelegenen Ortschaft Redlhof steht. Es ist eine seit langer Zeit „amtsbekannte" Nörglerin, die sich über jede Kleinigkeit beschwert. Sehr oft belastet sie den Bürgermeister mit Dingen, welche nicht im Entferntesten in seinen Aufgabenbereich fallen. Sie ist es auch, die den Bürgermeister oftmals die Worte *„dö kloan Probleme hánd in Wahrheit dö Großen"* sagen lässt. Die Segleitnerin lebt mit ihren zwei erwachsenen Kindern in einem in den Sechzigerjahren erbauten Einfamilienhaus. Während der Sohn einer geregelten Arbeit nachgeht, ist die Tochter die meiste Zeit arbeitslos.

„'s Auto von Segleitnermensch steht áh scho wieder oiwei dahoam. Is grad guat, dass dö Alt a weng a Rentn kriagt, sunst müaßatn eh alle mitanand dahungern."

Für viele sind die „Segleitnerischen" ein rotes Tuch. Der Grund sind die unzähligen Hunde, welche den kleinen Garten rund um das Haus beanspruchen. Die Segleitnerin versucht sich mit mäßigem Erfolg als Hundezüchterin. Das ständige Gebell ihrer vierbeinigen Lieblinge erbost aber viele Anrainer. Ebenso sorgen die Hinterlassenschaften der Hunde, die bei den täglichen Spaziergängen im wahrsten Sinn des Wortes „anfallen", für ein ständiges Ärgernis.

"Franz Grabner, gua'tn Morgn". Betont höflich und locker begrüßt der Bürgermeister die noch unbekannte Person am anderen Ende der Leitung. Obwohl es die Segleitnerin nicht für nötig erachtet, sich namentlich vorzustellen oder ihrerseits den morgendlichen Gruß zu erwidern, weiß der Bürgermeister schon nach wenigen Worten, mit wem er es zu tun hat. Die Segleitnerin ist in nicht zu überhörender Aufregung. Ein, seit angeblich mehreren Tagen umherstreifender, in Art und Aussehen verwahrlost rüpelhafter Rüde, hatte sich ihrer stammbaumerlauchten Hündin unsittlich genähert.

"Grad hanön nuh aberstaubm kinna vo meiner bessern Mátz, den Stessl, den zrupftn", lässt sie nun den leicht irritierten Bürgermeister wissen.

"Aber dös oa sag ih da Bürgermoaster, wann da was hint bliebm is, voklag ih d'Gemeinde!"

Für den Bürgermeister ist es fast nicht möglich, den Wortschwall der Segleitnerin zu unterbrechen. Für sie liegt die Schuld an dieser unzüchtigen Handlung einzig und allein auf der Seite der Gemeinde, welche seit Tagen von der Gegenwart dieses Streuners wisse, ohne energische Schritte gegen das Mistvieh einzuleiten. Der Segleitnerin zu erklären, dass er, Franz Grabner, von der Existenz eines seit Tagen streunenden Hundes nichts wisse und diese fast nationale Katastrophe eher mit einem Schmunzeln quittieren möchte, ist in diesem emotionalen morgendlichen

Telefongespräch unmöglich. Eine gute Stunde später wird durch den Besuch des Bürgermeisters im Hause Segleitner wieder Ruhe und Eintracht einkehren.

Wie nahe im Alltag einer Dorfgemeinschaft mitunter kurios anmutende Vorkommnisse und erschütternde Ereignisse beisammen liegen, sollte der Bürgermeister wenige Stunden nach dem „Hundeproblem" erfahren.

Das kalte Herz

Wie ein Lauffeuer verbreitet sich am späten Nachmittag im Dorf eine schreckliche Nachricht. Klaus Karst ist tot. Der Mann von Anna Karst, deren späte Schwangerschaft vor einigen Jahren für wilde Spekulationen über den wahren Kindesvater sorgte, wurde erhängt an seiner Arbeitsstelle in der Bezirksstadt aufgefunden. Er hatte im Keller des Bundesschulzentrums, in welchem er als Hausmeister beschäftigt war, seinem Leben ein Ende gesetzt. Polizeibeamte hatten schon kurz nach Mittag den Bürgermeister aufgesucht und ihn über den Freitod seines Gemeindebürgers informiert. Zudem ersuchten sie Franz Grabner, ihnen Näheres über die Familienverhältnisse mitzuteilen, um beim Überbringen der schrecklichen Botschaft angemessen vorgehen zu können.

Eigentlich schien nach der Geburt des ersehnten Kindes, eines gesunden Buben, die Welt des Klaus Karst und seiner Frau Anna in Ordnung zu sein. Die Gasthausbesuche von Klaus, bei denen er oftmals zu viel Alkohol konsumierte, wurden seltener. Dennoch kam er nie gänzlich von übertriebenen Saufgelagen los. Hatte er eine gewisse Hemmschwelle überschritten, gab es für ihn kein Tabu mehr.

„Heint is da Klaus wieder amoi auskemma, heint kinna man abfuin", sagten dann seine „Stammtischfreunde". War dann Klaus Karst in seinem „bierseligen Zustand", begannen die Anwesenden ihr unterschwelliges Reden:
„Na, wia gehts da denn mit dein Junior? Hatt a nuh oiwei so schwarze Haar oder wird a doh a weng liachter? Was dö Natur oiss z'sambringt, dös is scho allerhand. Du und dein Frau háts blond und da Bua is rabmschwarz!"
Die Tatsache der auffallend schwarzen Haare des kleinen Florian Karst nährt die Gerüchteküche von Krasting. Unverblümt wird darüber spekuliert, wie es sein kann, dass keines der Eltern und Großeltern des Buben eine derartige Haarfarbe aufweist. Sehr wohl leuchtet aber das mittlerweile etwas schüttere Haar von Altbürgermeister Alois Lerchfelder noch immer im satten Schwarz. Dass man die wahre Vaterschaft hinter vorgehaltener Hand dem Altbürgermeister zuweist, ist mittlerweile ein offenes Geheimnis. Besonders der Ödbauer, einst Augenzeuge manch nächtlicher Rendezvous zwischen Alois Lerchfelder und Anna Karst, tat sich in letzter Zeit im zweideutigen Reden besonders hervor. Sowie er eine starke Alkoholisierung bei Klaus Karst bemerkte, nahm er sich kein Blatt mehr vor den Mund und wurde fast verletzend deutlich:
„A Freid werst scho habm mit dein Buabm, hast eh so lang wartn müaßn drauf. Und fuatern tuastn ja áh

guat, er is ja scho a mords Brexsl. Habm ja d'Amseln áh a Freid, wanns an Kuckuck áfziahgn!"

Unter dem Gelächter der angeheiterten Runde, wurde schließlich noch das Lied „Kuckuck rufts aus dem Wald" angestimmt. Klaus Karst war trotz seiner Alkoholisierung oftmals noch in der Lage, die zweideutigen Aussagen einigermaßen richtig zu deuten. Nicht selten reagierte er wütend, nannte seine Tischgenossen *„elendige Krüppeln, dö eh hint und vorn nix wissen"*, steigerte sich in ausfallende Schimpftiraden, ehe er plötzlich zusammensackte und von Weinkrämpfen geschüttelt den Heimweg antrat.

Von der Öffentlichkeit weitgehend unbemerkt, kam es auch zwischen den Eheleuten Karst immer öfter zu Streitereien. Besonders nach emotionalen Stammtischbesuchen lebte Klaus Karst seinen Frust über das Gehörte zu Hause aus. Er holte den friedlich schlafenden Buben aus seinen Bett, hielt ihn vorwurfsvoll seiner Frau entgegen und beschuldigte sie unverblümt der ehelichen Untreue:

„Ausghátscht bist ma, schau dan an den Balg, den exotischn. An Bluattest lass ih macha, dassd as woaßt. Aber wehe da kimmt was áf, dann jag a dö zon Teifö samt dein schwarzháárign Buam!"

Im ausgenüchterten Zustand taten Klaus Karst diese Aussagen, sofern er sich überhaupt daran erinnerte, furchtbar leid. Der an sich ruhige Mann entschuldigte sich dann oftmals vergeblich bei seiner Frau und es dauerte Tage, bis sich das Zusammenleben der Eheleute wieder einigermaßen normalisiert hatte. Besonders gegenüber dem kleinen Florian, welchen er trotz aller Zweifel an seiner Vaterschaft abgöttisch liebte, hatte er nach solchen Ausrastern schwere Schuldgefühle.

Die dunklen Wolken, deren unheilvolle Schatten sich über der Familie Karst ausbreiteten, schien dennoch niemand aus Krasting richtig zu bemerken. Zu sehr war man damit beschäftigt, die alltäglichen Dinge zu zerreden und sich, wie der Volksmund sagt, „darüber das Maul zu zerreißen". Auch die in der Öffentlichkeit zur Schau getragene Harmonie der Eheleute Karst täuschte über die seelischen Abgründe ihrer Beziehung hinweg und endete schließlich in der Verzweiflungstat des sensiblen Klaus Karst.

Beerdigungen im Dorf sind fast immer ein gesellschaftliches Großereignis. Dort wo man sich gegenseitig kennt, wo das Wort Zuhause von den meisten noch als Daheim verstanden wird, da ist es vielen ein Anliegen, den letzten Weg eines Mitbürgers zu begleiten. Dennoch ist auch in Krasting die Veränderung der Gesellschaft, gerade bei solchen Anlässen, spürbar. Der Rückgang der Vollerwerbslandwirtschaft macht sich bei Ausrückungen von Musik, Feuerwehr und Kirchenchor mitunter drastisch bemerkbar. Besonders an Werktagen wird es zunehmend schwieriger, die benötigten Personen für kirchliche oder weltliche Einsätze zu motivieren. Was von den Landwirten jahrzehntelang, als Selbstverständlichkeit verstanden, praktiziert wurde, stößt nun zusehends an die Grenzen moderner Arbeitszeitmodelle der Leistungsgesellschaft.

„Du, da kann ih nöt, wia stoisd da denn dös vor, mir hánd iatzt eh so trábö a da Firma und überhaupt, da müaßat ih ma eigns Urlaub nehma!"

Eine Aussage, mit der die jeweils zuständigen Obleute immer öfter konfrontiert werden. Natürlich spielt auch die gesellschaftliche Stellung der oder des Verblichenen eine nicht unwesentliche Rolle.

„Da derfat ma doh frei geh, zumindest zerscht bei da Aussegnung, es geht ja eh grad ums Gsehgnwerdn."

Bei besonders tragischen Todesfällen ist es allerdings wesentlich einfacher, die Mindestanzahl der benötigten Mitglieder zu erreichen. Sei es, um den bedauernswerten Angehörigen mit der persönlichen Anwesenheit die ehrliche Anteilnahme zu signalisieren oder eben nur deshalb, um die eigene Neugier zu befriedigen.

Aus allen Richtungen strömen an diesem Junitag die Leute zur Kirche. Klaus Karst war ein durchaus beliebter Mann in Krasting. Seine gelegentlichen alkoholbedingten „Ausrutscher" sah man ihm nach. Besonders die Umstände seines tragischen Todes machen ihn nun posthum zu einer Art verzweifelten

Helden. Die Schuldige an seinem Selbstmord sieht man vielfach in seiner Frau Anna.

"Warum hat a sö denn áfghängt? Doh netta wegn ihra, weis eahm oiwei ausghátscht is. Brauchst ja grad an Buam anschau, oa Gsicht mit den altn Bürgermoaster."

Bevor er vor 15 Jahren die Stelle als Hausmeister im Bundesschulzentrum antrat, war Klaus Karst auch einige Monate als Gemeindearbeiter in Krasting beschäftigt. Eine plötzlich aufgetretene Pollenallergie erschwerte allerdings die häufig im Freien anfallenden Arbeiten, sodass ihm die frei werdende Stelle als Hausmeister gelegen kam. Einige Jahre vorher war er im Auftrag der Gemeinde auch als sogenannter Forstwart tätig. Dabei war es seine Aufgabe, in den Wäldern von Krasting von Schädlingen befallene Bäume auszumachen und die jeweiligen Grundstücksbesitzer darauf hinzuweisen. Dadurch sollte ein Ausbreiten von Holzschädlingen, wie dem Borkenkäfer, verhindert werden. Für diese oftmals undankbare Aufgabe erhielt er eine jährliche Entschädigung von wenigen hundert Euro. Er arbeitete damals im Sägewerk Lüftinger. Durch diese Tätigkeit hatte er ein Auge für das Holz und obendrein schien ihm die forstliche Beobachtungstätigkeit trotz manchem Verdrusses mit Uneinsichtigen zu gefallen. Klaus Karst hatte ein stilles, in sich gekehrtes Wesen, weshalb das Durchstreifen der Wälder seinem

Naturell entsprach. Allein die Tatsache, dass er selbst kein Waldbesitzer war und auch keiner bäuerlichen Familie entstammte, war einigen Forstwirten ein Dorn im Auge:
„Ih los ma doh nöt vo den Noutnigl anschaffen, dass ih an Bám weg toa soid. Oana der selber eh koa Hoiz nöt hat, mecht mia was vozoihn."
Diese zunehmend ablehnende Haltung gegen ihn und seine Tätigkeit gab letztlich den Ausschlag, dass er seine Funktion als Forstwart zurücklegte.

Schon um 9 Uhr stehen am Platz vor der Aussegnungshalle unzählige Menschen. Dumpfes Gemurmel, hin und wieder durch gedämpftes Lachen unterbrochen. Begräbnisstimmung. Beim letzten Weg eines Selbstmörders, über dessen Motiv die verwegensten Überlegungen angestellt werden, dabei zu sein, ist für viele eine Herausforderung. Die verworrenen Umstände dieses Freitodes, die man allgemein in der Untreue der Ehefrau zu erkennen glaubt, verleihen diesem Tag einen besonderen Spannungsbogen. Eine lange Menschenschlange steht bereits vor dem Eingangsbereich der Aussegnungshalle. Der Sarg mit den sterblichen Überresten von Klaus Karst befindet sich im vorderen Bereich des Gebäudes. Flankiert von Kerzen und vielen Kränzen vermittelt die Situation eine Stimmung aus Abschied und Endlichkeit. Ein besonders blumengeschmückter Kranz ist aus Platzgründen an der rückwärtigen Wand des Raumes angelehnt. Die Schleife trägt die gut leserliche Aufschrift: „Letzte Grüße, deine Stammtischfreunde".

Nacheinander gehen die unzähligen Trauergäste zum Sarg, verweilen dort kurz, ehe sie den verborgenen Leichnam mit Weihwasser besprengen, um anschließend den seitlich stehenden Angehörigen zu kondolieren. Der ständig wachsenden Schar an Trauergästen, welche sich in Gruppen vor der Aussegnungshalle zusammenfinden, entgeht dieses Ritual der Beileidsbezeugung nicht. Gespannt verfolgt man die Reaktionen der Witwe. Auch der Altbürgermeister Alois Lerchfelder steht nun in der Reihe, um sein Mitgefühl zu bezeugen. Als er Anna Karst die Hand schüttelt, stecken einige der abseits Stehenden die Köpfe zusammen.

„Der hat áh koan Schamer, dass a ihr da a da Öffentlichkeit d'Händ gibt. Na ja, werd ihra eh nöt zwida sein. Gar aso brauchats áh nöt rehrn, hattn eh sie so weit bracht, dass a sö áfghängt hat. Aber wia hoaßts so schö, a blärrade Kuah, steht bald wieder zua!"

Der Leichenzug bewegt sich zu den Trauerklängen der Musikkapelle durch die Hofmark, ehe die überaus große Schar an Bekannten, Freunden und sonstigen „Leichgehern" über die Südstiege des Friedhofes zum Gotteshaus schreitet. Ein vertrautes Bild, dessen genaue Reihenfolge seit Jahrzehnten unverändert zelebriert wird: Vorne der Kreuzltrager, gefolgt von Fahnenträger und der Musik. Darauf folgend der Kirchenchor und die Geistlichkeit. Der Sarg auf einer Art fahrbaren Plattform, flankiert von den vier Sargträgern, bildet mit der unmittelbar dahinter schreitenden Verwandtschaft den Abschluss der offiziell Beteiligten. Je nach gesellschaftlicher Stellung und Bekanntheit des oder der Verblichenen findet man dahinter noch die übrige Trauergemeinde in mehr oder weniger großer Zahl.

Seit dem mit sehr viel Skepsis und Vorurteilen behafteten Priesterwechsel vor etwas mehr als zwei Jahren hat sich die Stimmung in Krasting wieder beruhigt. Der afrikanische Pfarrer ist aufgrund seines fröhlichen Wesens durchwegs beliebt. Die fast verletzenden Stimmen, die bei seiner Amtseinführung zu vernehmen waren, sind mittlerweile leiser geworden. Gänzlich verstummt sind sie jedoch nicht. Immer wieder wird das schlechte Deutsch des Pfarrers kritisiert und nicht wenigen ist die fremdartige Mentalität, die so gar nicht nach Krasting zu passen scheint, zuwider. Auch seine mitunter deutlichen Worte werden trotz des schweren Akzentes und seiner leierhaft klingenden Stimme meistens verstanden. Nicht immer zur Freude der Betroffenen.

Auch heute nimmt sich der Pfarrer kein Blatt vor den Mund. Ihm ist die menschenverachtende Belustigung, die Klaus Karst am Stammtisch oftmals zu ertragen hatte, nicht entgangen. Von verschiedenen Personen wurde dem Pfarrer in den letzten Tagen darüber berichtet. Bei seiner Grabrede geht er nun unmissverständlich darauf ein, spricht mehrmals davon, dass sich Klaus Karst nicht selbst getötet habe, sondern Worte wie Messer seine Seele verletzt hätten. Blute aber die Seele, würde dem Körper die Lebenskraft genommen. Deshalb treffe jene die größere Schuld, welche um der Erheiterung Willen gehandelt haben.

Obwohl er schlecht verständlich spricht und mehrmals ein Wort wiederholt, merkt man an der Stille im Gotteshaus, wie sehr der Inhalt seiner Sätze betroffen macht. Jene aber, denen diese aufrüttelnden Worte eigentlich galten, sitzen längst am Stammtisch des Kirchenwirtes. Ein Umstand, den der Ödbauer auf seine Weise rechtfertigt:

„'s Beileid hama ihr eh ausdruckt, somit hats uns áh gsehgn und woaß, dass ma a da Leich gwön hánd. Und auf dös Grödat von den Bananenpfarrer ka ih leicht vozichtn!"

Bürgermeister Grabner wurde von der Witwe Anna Karst gebeten, den Lebenslauf ihres verstorbenen Mannes nach der Grabrede des Pfarrers vorzulesen. Dabei bedankt sich der Bürgermeister in kurzen Worten auch für dessen Arbeit im Umfeld der Gemeinde, was prompt die Kritik von einigen Gemeinderäten der PZW hervorruft. Beim Totenmahl, der sogenannten „Zehrung", wird öffentlich darüber geredet:

„Kennt mas scho, dass dös oaner vo da VVP gwön is, wei sogar da Bürgermoaster gredt hat. Wegn dö paar Monat, wos der vor 15 Jahr áf da Gmeindö garbeit hat, a so an Dámdám macha."

Das Totenmahl ist auf beide Krastinger Wirtshäuser aufgeteilt. Beim Kirchenwirt sind die Verwandtschaft, der Pfarrer, der Kirchenchor und die Nachbarn geladen. Beim Kurvenwirt der Bürgermeister und die ehemaligen Gemeinderatskollegen von Anna Karst sowie die Feuerwehr Redlhof, deren Mitglied Klaus Karst war und die Musikkapelle, der Fahnenträger und die Laternenträger. Ebenso die Sargträger, der Totenbildchenausteiler, die Vorbeterin und die Ministranten. Die Mitglieder des Kirchenwirtstammtisches sind ausdrücklich nicht zur „Toudnzehrung" eingeladen. Obwohl sie bereits vor dem Requiem ihren Platz am Ofentisch besetzt haben, müssen sie ihre Zeche nun selbst bezahlen. Wiederum ist es der Ödbauer, der sich darüber das Maul zerreißt:

„Dös wann da Klaus wissad, der dráhrat sö an Grab um. Mir hánd seine bessern Freind gwön. Der hätt sö eh scho vor 5 Jahr áfghängt, wann a uns nöt zon ausrehrn ghabt hätt."

Bürgermeister Grabner verlässt gegen 13 Uhr das Gasthaus zum Kurvenwirt und fährt mit seinem

Auto zum Gemeindeamt. Die täglich wiederkehrenden Rituale, das Durchsehen und Unterzeichnen der aktuellen Post, das Eintragen neuer Termine in seinen schon wieder übervollen Terminkalender und immer wieder interessante Informationen vom Amtsleiter. Alltägliches, Banales und doch oftmals gewürzt mit jenen „Menschlichkeiten", die ein Dorf in den Grundfesten zu erschüttern vermögen.

Heute hat der Amtsleiter einen aktuellen Termin für den Bürgermeister. Am Abend findet beim Kurvenwirt eine Art Krisensitzung der Krastinger Jägerschaft statt. Die Anwesenheit des Bürgermeisters, so die Information, sei unbedingt erforderlich.

Die zwölf Jäger

Seit einigen Wochen bewegt nur mehr ein Thema die Krastinger Jägerschaft. Die Ruhe in den Revieren der heimischen Wälder wird zunehmend gestört. Der Grund sind einige Jogger, die ihrer Laufleidenschaft spätabends frönen. Justament in der Dämmerung, wie die aufgebrachten Jäger beklagen, rennt diese Gruppe durch den Wald und verscheucht und beunruhigt dabei das Wild. Diese als provozierend wahrgenommenen Läufer stammen allesamt aus Krasting. Allerdings sind sie den wenigsten Einheimischen bekannt. Es sind neue Gemeindebürger, sogenannte *„Zuagroaste"*, welche in den neu errichteten Wohnblöcken einer Wohnbaugesellschaft ihr Zuhause haben. Dabei handelt es sich um eine Art anonyme Krastinger, deren Hauptwohnsitz zwar hier besteht, die aber den Ort und seine „Seele" nicht kennen. Es sind Menschen, die hier nur wohnen und schlafen. Ihr Arbeitsplatz ist auswärts, dort wo sie auch ihre Einkäufe erledigen. Niemals sieht man sie in den Gasthäusern des Dorfes oder im sonntäglichen Gottesdienst. An Festen und Feiern weltlicher oder kirchlicher Art nehmen sie nicht teil. Sie wohnen hier, ohne hier zu leben. Sie werden zu Bruchstellen dörflicher Gemeinschaft, welche den Neujahranbläsern, den Sternsingern oder den Friedenslichtüberbringern nicht mehr öffnen. Sie leben ihr Leben in der Welt hinter den Mauern ihrer Wohnungen. Am frühen Abend, wenn die Hitze des Tages erträglicher wird, fahren sie nun häufig mit ihren Fahrzeugen in die Nähe des Feichtwaldes, parken ihre Autos an den Ausweichstellen des Güterweges und joggen dann durch den dämmerigen Forst. Besonders ärgerlich für die Jägerschaft sind diese Freizeitsportler ab dem Monat Mai. Zu diesem Zeitpunkt beginnt die Bockzeit. Eine alljährliche Herausforderung für die Weidmänner, einen „guten" Bock zu schießen. Die Krastinger Bevölkerung, mit mehr oder weniger Jagdverständnis, weiß das. Natürlich wird der Wald auch in dieser Zeit als Erholungsraum zum Laufen, Walken oder eben nur zu einem Spaziergang genutzt. In der Regel werden mit Einbruch der Dämmerung die sportlichen Aktivitäten eingestellt, sodass ein Nebeneinander der verschiedenen Naturnützer bisher so recht und schlecht funktionierte. Hin und wieder gab und gibt es kleinere Unstimmigkeiten, deren Ursprung aber oftmals einen persönlichen Hintergrund hat und welchem nicht selten jahrzehntelange Streitigkeiten zugrunde liegen.

Diese Gruppe joggender Leute wusste von alledem nichts. Es war ihnen gänzlich unbekannt, dass ein Wald aus Revieren besteht. Es entzog sich ihrem Verständnis, dass jemand aus anderen Beweggründen als sportlicher Betätigung den Wald aufsuchen könnte. Sie wollten nach einem arbeitsreichen Tag in muffigen Büros oder heißen Werkstätten nur eines: In der angenehmen Kühle des dämmerigen Waldes laufen. Die auf ihren Hochständen ansitzenden Jäger bemerkten sie nicht, wenn sie sich oftmals lautstark unterhaltend durch den Wald bewegten. Einige Male tolerierten das die betroffenen Weidmänner. Man hielt die Gruppe für zufällig des Weges kommende Läufer. Als sich jedoch diese Auftritte wöchentlich mehrmals wiederholten, machte sich bei den jagdlichen Stammtischen Unmut breit. Der Jagdleiter, dessen Revier bisher nicht betroffen war, wurde vom Wildfellner Schos, einem hauptbetroffenen Hitzkopf und fast krankhaft leidenschaftlichen Jäger, informiert:

„*Da rennan iatzt oiwei a paar so Nárrische um 's Finsterwerdn durch 's Hoiz. Zwoamal habm s' ma scho an Bock vergrämt, dös kannsd schö langsam vergessen!*"

Der Jagdleiter, ein Landwirt aus der Ortschaft Rieglholz, ist stets darum bemüht, nicht unnötig Öl ins Feuer gelegentlicher Konflikte zu gießen. Seit fünf Jahren hat er die Stelle des obersten Jägers der Jagdgesellschaft Krasting inne. Seine Name ist Hubert Lanzeder und schon sein Vater, wie auch sein Groß- und Urgroßvater waren als passionierte Jäger mit dem Weidwerk eng verbunden. Nicht zufällig trägt er deshalb auch den Namen Hubert, der ihm in Ausübung seines Amtes eine zusätzliche Verbundenheit zur Jägerei bescheinigt. Selten verläuft ein Jagdjahr, beginnend am 1. April und mit 31. März des Folgejahres endend, ohne größere oder kleinere Spannungen und Unstimmigkeiten. Das Aufeinanderprallen verschiedener Interessen und Gewichtungen bereitet auch innerhalb der Jägerschaft mitunter Probleme. Für besondere Brisanz sorgt dabei die alljährliche Erhebung des vom Wild verursachten Verbisses an forstlichen Jungpflanzen. In diesem Spannungsfeld zwischen Waldeigentümern und Jägern ist der Jagdausschuss aktiv, der sich aus Waldbesitzern und Gemeinderäten zusammensetzt. Im Beisein des Bürgermeisters berät der Jagdausschuss über Jagdvergabe, Jagdpacht und allfällige Probleme innerhalb der Reviere. Im Zusammenwirken mit der Bezirksforstbehörde obliegt ihm auch die Festsetzung der Abschusszahlen für das kommende Jagdjahr. Je deutlicher die dafür ausgewiesenen Kontrollflächen, sogenannte Weiserflächen, Verbissspuren aufweisen, desto mehr Rehe haben die Jäger zu erlegen. Zur Erfüllung dieser Vorgaben müssen oftmals auch Jungtiere in den Abschussplan mit einbezogen werden, was dem weidmännischen Denken vieler Jäger widerstrebt.

Der Jagdleiter, nun über die abendlichen Revierstörungen im Klaren, maß den Vorfällen vorerst keine besondere Bedeutung bei. Auf die Frage, ob es sich

bei diesen Personen um Krastinger handle, bekam er eine ausweichende Antwort:
"Ih ha koans kennt vo den Haufm, ih moa nöt, dass Krastinger gwön hánd. Aber sicher kunnt is nöt sagn."
Man merkte es dem Wildfellner Schos an, dass er sich darüber ärgerte, nicht mehr über die Herkunft des, seiner Meinung nach, „nixnutzigen Freizeitgesindels" zu wissen.
"Recht vui kinna ma eh nöt toa, solangs auf öffentliche Wege rennan. Aber wanns koanö Dasinga hánd, werd sö der Spuk vo selbm wieder aufhörn."
Mit dieser Aussage des Jagdleiters waren zwar die betroffenen Jäger, allen voran der Wildfellner Schos, nicht zufrieden, aber insgeheim hofften sie dennoch auf eine nur vorübergehende Störung der abendlichen Ruhe. Die darauffolgende Woche brachte kaltes, unfreundliches Regenwetter. Niemand war an diesen grauen Abenden im Wald unterwegs, wenn der kühle Nordwind schwere Tropfen von den gebeutelten Bäumen fegte. Einzig die Jäger harrten in ihren Kanzeln aus, beobachteten die wechselnden Böcke und schienen die Läufergruppe allmählich zu vergessen. Hatte der Jagdleiter doch recht behalten und die abendlichen Laufaktivitäten waren nur eine kurzzeitige Erscheinung? Dann kehrte der Sommer zurück und mit dem ersten Sonnentag sollte sich alles ändern.
Die Regentage hatten den Wald beruhigt, das Wild verhielt sich anders als an den geschäftigen Sonnen-

tagen. Der Wildfellner Schos hatte an diesem ersten Schönwetterabend nach der verregneten Woche einen guten Bock im Visier. Schon seit Tagen beobachtete er ihn, wenn er fast majestätisch auf die Lichtung unweit seines Hochsitzes trat. Heute wollte er ihn zur Strecke bringen. Schon konnte er ihn erkennen, wie er sich aus dem bereits dunklen Hochwald auf den äußeren Rand der Lichtung zu bewegte. Noch einmal verschwand er kurz hinter einigen mannshohen Holunderbüschen, ehe er dominant aus dem verworrenen Strauchwerk in die weitläufige Fläche der dämmerigen Lichtung trat. Der Herzschlag des Wildfellner Schos drohte sich zu überschlagen, so nahe am Ziel wähnte er sich. Bereits mehrere Jahre war ihm dieser Bock aufgefallen und er hatte ihn beobachtet, wie er manchmal das Revier wechselte. All die Befürchtungen, ein Jagdkamerad aus dem Nachbarrevier könnte ihm am Ende mit dem alles entscheidenden Schuss zuvorkommen, fielen nun von ihm ab. Die Zeit stand still, der Wald schien zu schweigen, wie er fast andächtig, den Finger am Abzug, verharrte und den Augenblick genoss. Schon hatte er ihn im Visier, als der Bock plötzlich witternd sein Haupt hob. Mit hastigen Sprüngen stob er davon, als hätte er sein nahendes Ende erahnt. Ungläubig starrte der Wildfellner Schos dem flüchtenden Tier nach, wie es in der schwarzen Silhouette des Hochwaldes verschwand. Das Geräusch brechen-

den Geästes, das sich in der Ferne verlor, war das Letzte, was der fassungslose Jäger von seinem Bock zu vernehmen meinte.
Stimmen holten ihn aus einem beinahe tranceartigen Zustand. Leute liefen leichtfüßig plaudernd daher. 10 Meter von seinem Hochstand entfernt, tänzelten sie vorbei. Im Bruchteil einer Sekunde erfasste der Schos die Situation. Schlagartig verstand er das Verhalten des Bockes, wusste welcher Umstand die überraschende Flucht des Wildes ausgelöst hatte. Die Jogger waren wieder da.
Das Blut schoss ihm in den Kopf. Wie von Sinnen kletterte er, sich fast überstürzend, die Leiter des Hochstandes hinunter, stolperte unten angekommen über eine Wurzel, die ihn beinahe zu Fall brachte, hastete einige Meter durch dichtes Dornengestrüpp, ehe er den befestigten Waldweg erreichte. Die Joggergruppe war inzwischen gut 50 Meter weiter gelaufen. Keiner von ihnen bemerkte den hinter ihnen schreiend und schimpfend herlaufenden Jäger.
„He, ös Krüppeln, bleibts steh. Iatzt mecht ih amoi wissn, wers ös überhaupt háts."
Als er merkte, dass er konditionell nicht mithalten konnte und sich der Abstand zur Gruppe eher vergrößerte, beging der Schos einen schwerwiegenden Fehler. Er griff sich sein umgehängtes Gewehr und schoss damit in die Luft. Wie ein Donnerschlag durchdrang der Schuss die abendliche Beschaulich-

keit. Ein Fasan stieg laut schreiend aus der Lichtung auf. Sein Gezeter klang erbärmlich. Umso betretener war die einsetzende Stille. Der Donner war verhallt, der Wald schien zu lauschen. Die Gruppe laufender Abendsportler hatte gestoppt und blickte sich um. Nur schemenhaft erkannten sie eine Gestalt, welche sich schnaufend und prustend näherte. Aus der Dunkelheit löste sich der Wildfellner Schos und trat selbstbewusst den Läufern entgegen. Sein Jagdgewehr noch in der Hand stellte er sie unwirsch zur Rede:

„Was háts denn ös fia oa, dass um gschlagne Nacht an Hoiz umanader teifön müaßts? Mein guatn Bock habts ma scho wieder vosprengt mit engan deppertn Grennat! Engarö Nám sagts ma áf da Stoi und vo wos her háts."

Die so gerügte Gruppe empfand den Auftritt des Wildfellner Schos anfänglich eher als komische Einlage, wie er so dastand mit hochrotem Kopf und seiner etwas knollenförmig geratenen Nase. Prompt machten sich einige über ihn lustig:

„Sánd Sie iatzt da Tárzan oder die Cheeta?"

Dieser Vergleich mit dem Urwaldmenschen und seinem Schimpansen brachte den Schos noch mehr in Rage. Er hatte sich nicht mehr unter Kontrolle, fuchtelte mit seiner Büchse mehr unabsichtlich als gezielt umher, wenngleich der Lauf auch zu Boden gerichtet war, und ließ sich im schärfer werdenden Streitgespräch zu einer unüberlegten Aussage hinreißen:

„Dös nächst Mal, wann ih eng um dö Zeit nuh amoi an Wald dawisch, schiaß ih nimmer a d' Luft. Wei d' Hirschn hánd zur Zeit eh nöt gschont, ös láppischn Schmalspießer!"
Plötzlich erhellte ein Blitz den nächtlichen Wald. Einer der Läufer hatte mit seinem Handy den Schos fotografiert. Der Hinweis, diesesmal „nur" einen Warnschuss abgegeben zu haben, verlieh der Auseinandersetzung eine neue Dimension. Außerdem wirkte die Waffe in der Hand des Jägers bedrohlich. Man trennte sich unter gegenseitigen Beschuldigungen. Vereinzelt hörte man noch Wortfetzen der sich entfernenden Joggergruppe. Die Dunkelheit schien den Lärm zu verdrängen. Der Wildfellner Schos trottete, immer noch höchst erregt, zu seinem unweit des Hochstandes stehenden Wagen und fuhr zum Kurvenwirt. Die Auseinandersetzung hatte seine Kehle ausgetrocknet. Im Wald wurde es still.
Gegen Mittag des nächsten Tages fuhr ein Streifenwagen der Polizei auf das Betriebsareal des Sägewerkes Lüftinger in Krasting. Die Beamten wollten zu Georg Wildfellner, der seit 20 Jahren als Sägewerksfacharbeiter hier beschäftigt ist. Der Wildfellner Schos staunte nicht schlecht, als er von den Beamten den Grund ihres Erscheinens an seiner Arbeitsstätte erfuhr. Gegen ihn lag eine Anzeige wegen gefährlicher Drohung sowie Nötigung durch den Gebrauch einer Schusswaffe vor. Die Beamten machten dem

verdutzten Schos klar, dass es mehrere glaubwürdige Zeugenaussagen gäbe, die durch die Vorlage eines Fotos erhärtet würden. Er hätte deshalb, bis zur genaueren Klärung des Sachverhaltes die Jagdkarte abzugeben. Der Wildfellner Schos schlug mit der flachen Hand auf die Verkleidung einer alten Hobelmaschine, dass sich eine Wolke aus Staub und Schmutzpartikeln im Raum verbreitete.

„Dös is dös Gsindl gwön, dös Nixnutzi, dö was ma gestern mein guatn Bock versprengt habmd. Ja Himmiherrschaftseitn, gibts leicht eh koa Gerechtigkeit nimmer áf dera Welt. Zerscht an Unfriedn stiftn und dann áh nuh anzoagn!"

Die Läufergruppe hatte ganze Arbeit geleistet. Während der Schos nach der heftigen Auseinandersetzung des Vorabends wutentbrannt den finsteren Wald verließ und dabei nur mehr ein „Beruhigungsbier" beim Kurvenwirt im Sinn hatte, warteten die Jogger von der Nacht verborgen im Wald. Als er mit seinem Allradwagen an der nicht wahrzunehmenden Gruppe vorbeifuhr, notierten sie sich das Kennzeichen. Somit war es eine Kleinigkeit, die Identität des Lenkers zu erfahren. Die Anzeige bei der Polizei war jedoch nur der eine Teil ihrer Strategie der Rache. Eine Frau aus ihrer Gruppe, welche journalistisch tätig ist, besitzt dadurch gute Kontakte zu diversen Boulevardblättern. Schon wenige Tage später erschien auf der Titelseite einer Wochenzeitschrift die Schlagzeile: „Wildwest in Krasting. Jäger droht harmlosen Joggern, sie zu erschießen." In einem zweiseitigen Bericht konnte man den Vorfall in äußerst dramatischer Wiedergabe und um viele Facetten erweitert nachlesen und das Bild eines offensichtlich zu allem entschlossenen Jägers betrachten. Der Schnappschuss zeigte den Wildfellner Schos mit geöffnetem Mund, was ihm ein angriffsbereites Aussehen verlieh. Das Gewehr, mit beiden Händen haltend, bewirkte in der Aufnahme des nächtlichen Waldes die Stimmung einer gefährlichen Konfrontation. Die Illustrierte war binnen weniger Stunden ausverkauft.

„Habts ös eh scho ghört, da Wildfellner Schos steht ganz grouß a da Zeitung. An Wochaspiagl is a drinn, aber an Krama hánd dö Illustrierten scho ausganga. Und bein Ságler hánd Gendarm gwön und habmd an Schos direkt vo da Arbeit weg vohaft!"

Es war die typische Übertreibung in der sich überschlagenden Verbreitungssucht außergewöhnlicher Neuigkeiten. In kurzer Zeit war ganz Krasting und der halbe Bezirk über den Vorfall unterrichtet. Da dieses Blatt überregional erscheint, sorgte der Artikel im ganzen Land für Aufsehen. Selbst ein privater Fernsehsender interessierte sich für die Vorkommnisse in Krasting und entsandte ein Aufnahmeteam in die Gemeinde. Bürgermeister Franz Grabner bat man um eine Stellungnahme, die bereits am Abend im Rahmen eines kleinen Beitrages ausgestrahlt wurde. Auf die etwas provokant gestellte Frage des Reporters, ob denn in Krasting alle Probleme mit Waffengewalt gelöst würden, antwortete der Bürgermeister gereizt:

„Probleme werdens erst durch die Medien."

Der Reporter hakte nach, wollte vom Bürgermeister wissen, ob das provokante Hantieren mit einer Waffe und ein abgegebener Schuss seiner Meinung nach keine Bedrohung und somit ein ernstes Problem darstellen würde. Franz Grabner war als Interviewpartner überfordert. Er betonte einige Male, dass hier Aussage gegen Aussage stünde und man erst den Ausgang der Ermittlungen abwarten müsse. Mehrmals zitierte er den Wildfellner Schos, der verständlicherweise eine andere Sicht des Vorfalles hatte. Man merkte an den Aussagen, dass seine Sympathie dem Wildfellner Schos und der Jägerschaft galt. Im Gegensatz zu den Joggern kannte er diese Menschen und wusste sie einzuschätzen. Längst hatte er erkannt, welch politisches Gewicht Interessensgemeinschaften, wie Vereine und dergleichen, mitunter entwickeln. Für den Bürgermeister war die Sache prekär. Der Wildfellner Schos ist seit langer Zeit ein treuer Weggefährte seines eigenen politischen Werdeganges. Er hilft bei diversen Parteiveranstaltungen aus, wann immer Not an Personal ist. „Fragts an Schos", heißt es dann. Und der Schos sagt selten nein.

Er ist auch ein eifriger Besucher der Fraktionssitzungen und nimmt immer wieder an Parteiveranstaltungen auf Bezirks- oder Landesebene teil. Auf den Wildfellner Schos kann man sich verlassen. Mit seinen 43 Jahren wäre er durchaus als Zukunftshoffnung der Partei zu sehen, wenn nicht immer wieder sein Temperament mit ihm durchgehen würde. Er ist ein „Kitzliger", einer der sich im entscheidenden Augenblick nicht unter Kontrolle hat.

Die Gaststube beim Kurvenwirt ist fast leer. Nur vier Pensionisten sitzen am Ofentisch beim Tarockieren. Dieses anspruchsvolle Kartenspiel erfreut sich in letzter Zeit wieder zunehmender Beliebtheit. Es ist 18.45 Uhr. Die jagdliche Zusammenkunft ist um 19.30 Uhr geplant. Franz Grabner setzt sich neben die Kartenspieler und bestellt sich ein Bier. Die vier Männer nehmen kaum Notiz von ihm. Zu sehr sind sie in das Kartenspiel vertieft. Dem Kurvenwirt Hans Riller ist es heute ganz recht, dass nicht mehr Gäste seine Gaststube bevölkern. Die Anwesenheit des Bürgermeisters nützt er nun, um seine angeborene Neugierde zu stillen. Derweil er dem Bürgermeister eine schön eingeschenkte Halbe Bier serviert, beginnt er auch schon mit seinen Fragen:

„Kemmts heint nuh a weng z'sam, wegnan Wuidschütz? Was hánd denn dös fia oa, dö er da a so daschreckt hat. Woaß mas scho, wos eahm dö Gaudi geh kost? Wia bald kriagt a denn d'Jagdkartn wieder?

Ih ha eh gsagt, in Krasting ist was los, weil Schos gleich schoss!"
Da war er wieder, der typische Kurvenwirtspruch.
Der Bürgermeister lässt sich nicht viel entlocken und verweist mehrmals auf die anschließende Besprechung. Kurz vor halb acht begibt er sich dann ins Nebenzimmer, wo die Zusammenkunft geplant ist. Die Jägerschaft Krasting besteht aus zwölf Personen. Fast alle sind heute anwesend. Der Bürgermeister wird betont freundlich begrüßt, das Fernsehinterview zeigt Wirkung. Unter den Jägern herrscht großes Verständnis für das Verhalten des Wildfellner Schos. Umso mehr verurteilt man die Anzeige der Läufergruppe mit den bekannten Folgen. Einhellig ist man der Auffassung, dass irgend etwas geschehen muss.
„Wann da iatzt nix gschiagt, dann gschiagt was!" Diese „philosophische" Aussage kommt von Josef Wicker, dem „Holzhäusl Sepp". Dieser ist zwar kein Jäger, aber gewissermaßen der Chef der Treiber, der sich durch besonderes Arrangement rund um die Jagd hervortut. Deshalb wird er auch immer wieder zu den verschiedenen jagdlichen Zusammenkünften eingeladen. Er ist inzwischen zu einer Art „Jäger honoris causa", geworden. Ihn nicht einzuladen, wenn es um so elementare Dinge wie in der heutigen krisenhaften Besprechung geht, könnte unter Umständen zu einem Bruch der für die Jäger durch-

aus vorteilhaften Beziehung führen. Der Holzhäusl Sepp sieht sich selbst durchaus als Jäger und es wagt auch niemand, ihn als Treiber anzusprechen. Vielmehr begegnen ihm die meisten Krastinger mit einer Mischung aus Respekt und Humor. Blickt er hin und wieder zu tief ins Glas, macht man sich dennoch über sein weidmännisches Gehabe lustig und ermuntert ihn, doch als Jagdleiter zu kandidieren, was er im trunkenen Zustand allen Ernstes in Erwägung zieht.
"Iatzt habms an Hoizhäusl Sepp wieder áfzogn", amüsieren sich dann die Leute.

Auch jetzt ist der Holzhäusl Sepp mit seinen Ausführungen noch nicht fertig und macht seinem Unmut über das Vorkommnis Luft:

"Was buidn sö denn dö Hanswurschtn, dö dámischn überhaupt ein. Seit wann gibt sös denn dö rennatn Spinner? Uns Jáger hats oiwei scho gebm. Jäger und Sammler. Áh dö Sammler gibts scho lang. Dö Caritas-Haussammlung woaß ih scho oiwei!"

Dieser Vergleich des Holzhäusl Sepp sorgt für allgemeine Erheiterung. Der Jagdleiter ergreift dann das Wort und schildert in wenigen Sätzen zusammengefasst die gegenwärtige Situation. Er ist es auch, der das überzogene Verhalten des Wildfellner Schos vorsichtig kritisiert. Grundsätzlich ist man sich aber einig, dass die derzeitige Situation nicht tragbar sei. Vorschläge, wie den Aufenthalt im Wald für Freizeitaktivisten nur zu bestimmten Zeiten zu erlauben, werden ebenso eingebracht, wie das Vorschreiben verpflichtender Kurse zum Thema: „Wie verhalte ich mich im Wald?". Der Bürgermeister erklärt mehrmals, dass der Wald als Erholungsraum allen Bürgern gleichermaßen zur Verfügung steht, was auch gesetzlich fundiert ist. Obendrein seien die Jogger auf öffentlichen Waldwegen unterwegs. Dadurch sei ein Einschreiten seitens der Behörde nicht möglich. Die Diskussion wird zunehmend hitziger, wozu auch der Alkoholkonsum nicht unwesentlich beiträgt. Der Ödbauer, selbst begeisterter Jäger, weiß nicht recht, wie er sich heute verhalten soll. Das mediale Eintreten des Bürgermeisters zugunsten der Jägerschaft hat ihn ohne Zweifel beeindruckt:

„Dös hätt ih an Grabner nöt zuatraut, dara bei dem Interview zo da Sach gstandn is", war sein Kommentar nach Ausstrahlung des TV-Beitrages. Dennoch versucht er nun auch politisches Kapital aus der Sache zu schlagen:

„Also, wann scho sunst neamt was tuat, unser Fraktion werd auf jedn Fall an Antrag auf Behandlung vo dera Gschicht im Gemeinderat einbringa."

Erst kurz vor Mitternacht löst sich die Gruppe auf. Man hat sich darauf geeinigt, kein weiteres Öl mehr ins Feuer zu gießen und die Sache fürs Erste auf sich beruhen zu lassen. Der Bürgermeister wurde gebeten, mit der Läufergruppe in Kontakt zu treten und im Rahmen eines Gesprächs eine Lösung der Situation herbeizuführen. Denn auch die Krastinger Bevölkerung ist in der Beurteilung der Schuldfrage uneins. Ein nicht zu unterschätzender Teil der Dorfbewohner ist nicht sonderlich jagdfreundlich eingestellt und sieht in den Jägern noch immer eine privilegierte Gesellschaft, wie sie vor Jahrhunderten nur Adeligen vorbehalten war. An dieser überholten Sicht sind die Jäger aufgrund ungeschickten Auftretens in früheren Zeiten nicht ganz unschuldig. Inzwischen hat sich in der Öffentlichkeit das Bild des Weidmannes grundlegend geändert. Man sieht die Ausübung der Jagd nun auch als Hege und Pflege einer zunehmend bedrängten Natur. Der Wald selbst gilt als Indikator negativer Umwelteinflüsse. Die intensivere Landwirtschaft lässt Äsungsflächen und Schutz bietende Hecken vielerorts verschwinden. Industriell anmutende Forstbewirtschaftung und immer extensivere Freizeitaktivitäten beeinträchtigen vielerorts den Lebensraum des Wildes. Immer öfter ist es auch in Krasting die Jägerschaft, die sich bereitwillig an Heckenpflanzungen und der Schaffung waldnaher Äsungsflächen beteiligt.

Franz Grabner hat es sich in den Jahren seiner bisherigen Bürgermeisterzeit angewöhnt, unangenehme Dinge umgehend einer Lösung zuzuführen und sie nicht auf die „lange Bank" zu schieben. Dass ihm dieser Versuch nicht immer gelingt, liegt an der Vielschichtigkeit der auftretenden Probleme. Auch gegenwärtig gibt es neben der Konfrontation Jäger – Freizeitsportler noch jede Menge anderer „Baustellen". Da sind zum einen die Sträucher einiger Hauseigentümer, welche aus Gründen der Sicht- und Gehbehinderung zurückgeschnitten werden sollten. Auch in diesem Fall haben mehrmalige Aufforderungen bisher nicht gefruchtet. Da gibt es den Streit zweier Gemeindebediensteter, der einer Lösung durch das Einschreiten des Bürgermeisters bedarf. Schwer belastet Franz Grabner auch die seit Monaten erwartete Stellungnahme des Landes in einem schwebenden Bewilligungsverfahren. Der betroffene Gemeindebürger bringt seinen Unmut darüber immer öfter in der Öffentlichkeit zum Ausdruck und macht einzig die Gemeinde für die Verzögerung verantwortlich:

„Weitergeh tuat scho gar nix auf dera Gmeindö. Da gnockan eh so vui drinn, aber nöt amoi a so an Schrieb bringans z'sam. Wia ih oiwei sag, da ghört amoi gscheit dreinghaut, aber da Bürgermoaster is weit z'guat!"

„Weit z'guat" bedeutet in dieser Redewendung alles andere als eine Überqualifikation. Vielmehr kritisiert man mit dieser abfälligen Bemerkung scheinbar mangelndes Durchsetzungsvermögen in den verschiedensten Bereichen. Schnell ist man mit diesem „weit z'guat" zur Stelle, ohne oftmals den Hintergrund manch besonnener Reaktion zu kennen.

Franz Grabner belasten derartige Aussagen mehr, als es nach außen hin scheint. Zunehmend nimmt er

ungelöste Probleme mit nach Hause, wo es an den wenigen freien Abenden durch Gereiztheit zu Spannungen und Unstimmigkeiten kommt. Dringend anstehende häusliche Probleme wischt er oftmals als Bagatelle vom Tisch:
„Lassts mih mit dem in Ruah, ih ha eh gnua anderne Probleme a da Gmeinde."
Das Gespräch mit der Joggergruppe fand zwar in einer durchaus gelösten Atmosphäre statt, brachte aber nicht den gewünschten Erfolg. Auf die Bitte des Bürgermeisters, doch etwas früher durch den Feichtwald zu laufen und dadurch den jagdlichen Wünschen einigermaßen entgegenzukommen, gingen die Läufer nur bedingt ein. Außerdem waren sie bestens über die Gesetzeslage informiert und gaben offen zu erkennen, dass sie am längeren Aste säßen. An ihren Laufgewohnheiten änderte sich in der Folge wenig. Letztendlich brachte aber ein äußerst verregneter Sommer die gewünschte Entspannung der Situation. Ein halbes Jahr später zogen einige der jungen Leute berufsbedingt in eine andere Gegend. Daraufhin sanken die Laufaktivitäten, der nunmehr aus drei Personen bestehenden Gruppe, auf ein „jagdlich erträgliches Maß". Bereits ein Jahr später waren die spannungsgeladenen Sommertage vergessen und nur mehr selten erzählt man sich die Begebenheit, *„wia da Wildfellner Schos a so durchdráht hat!"*

Hänsel und Gretel

Ein bereits über Jahre anstehendes Problem in der Gemeinde Krasting ist die baufällige Volksschule. Erbaut wurde das Gebäude in den Achtzigerjahren des letzten Jahrhunderts, sodass es mit seinen rund 30 Jahren noch kein größeres Problem darstellen sollte. Die fragwürdige Bauweise der damaligen Zeit, ohne thermische Ausrichtung des Gebäudes und offensichtlich schlechter technischer Ausführung, machen eine Sanierung dringend nötig. Zudem wirft auch das übliche Ausschreibungsverfahren bei öffentlichen Gebäuden Fragen auf. Liefert der sogenannte Bestbieter wirklich das Beste? Ständige Reparaturen an der Schule sprechen eine deutliche Sprache. Die Gemeinde als Schulerhalter sah sich in den letzten Jahrzehnten oft gezwungen, aufgrund versteckter Mängel teure Instandhaltungsmaßnahmen vorzunehmen. Wasserrohrbrüche, undichte Dächer sowie bröckelnde Fassaden und dergleichen häuften sich in letzter Zeit und erreichen mitunter ein beängstigendes Ausmaß. Schon der Amtsvorgänger von Franz Grabner, Altbürgermeister Alois Lerchfelder, hatte sich in seiner aktiven Zeit um eine Sanierung bemüht und die nötigen Schritte beim Land eingeleitet. Der Gemeinderat hatte daraufhin dieses

Vorhaben an erster Stelle zukünftig geplanter Projekte gereiht, um damit die Dringlichkeit in dieser Sache zu bekunden. Lokalaugenscheine, Gutachten, Stellungnahmen in einem fast ausartenden E-Mail- und Briefverkehr mit den zuständigen Stellen des Landes sind seit Jahren fixer Bestandteil im Verwaltungsbereich der Gemeinde. Vorsprachen beim Land bewirkten bisher bestenfalls ein amtliches Achselzucken. Der Sanierungsbedarf steht außer Frage, allein über den Zeitpunkt der beginnenden Arbeiten hält man sich bedeckt. Es vergeht kaum ein Tag, an dem der Bürgermeister nicht in irgendeiner Form mit dieser Problematik konfrontiert wird. Sei es bei Sitzungen des Gemeinderates, wo unter dem Punkt Allfälliges immer wieder um den geplanten Zeitpunkt des Sanierungsbeginnes angefragt wird, oder an den Stammtischen der örtlichen Gasthäuser. Dort, wo die selbst ernannten Profis und verkannten Kommunalpolitiker die Lösung des „Schulsanierungsdesasters", wie sie es nennen, längst wissen:

„Dö da unt a da Landesregierung kehrt amoi gscheit Gás gebm, dann geht scho was weiter. Mein Schwager is vo Haslham, dö hánd halberts so grouß wia mia und habm áh a neiche Schui kriagt, wei da Bürgermoaster koa Ruah gebm hat. Dös is oiss a Frage der Beharrlichkeit."

Dass es sich dabei um ein 15 Jahre zurückliegendes Projekt handelt, in dem neben der Schule auch das

Gemeindeamt und der Kindergarten untergebracht sind, wird dabei großzügig verschwiegen.

Heizungsausfälle und Rohrbrüche verursachen in der Krastinger Schule immer wieder eine Kettenreaktion an Problemen für den Bürgermeister. Kalte Klassenzimmer, oft über Monate unbenutzbare Räume vergrämen verständlicherweise Eltern wie Lehrer. Verhandlungen mit Versicherungen, zusätzliche Personalkosten und ein zunehmend öffentlicher Druck sind die negativen Begleiterscheinungen.

Der Schuldirektor und der Lehrkörper sind dadurch häufig mit dieser Problematik konfrontiert. Immer wenn aufgrund aufgetretener Mängel die schulischen Aktivitäten beeinträchtigt sind, werden sie in unangenehmer Weise daran erinnert. Die zögerliche Haltung des Landes begründet sich auch in den sinkenden Schülerzahlen. Krasting leidet neben vielen anderen Gemeinden unter dem Bevölkerungsschwund. Die Auswirkungen der geburtenschwachen Jahrgänge treten nun drastisch zutage. Seit Generationen als vierklassige Volksschule geführt, ist Krasting nun auf die Zweiklassigkeit abgesackt. Der sprichwörtliche „Kampf" um jedes Kind hat begonnen. Schwankende Einwohnerzahlen, die sich durch den häufigen Mieterwechsel in den Wohnblöcken erklären, beeinflussen maßgeblich den Schulbetrieb. Oft scheitert die Dreiklassigkeit an drei oder vier Kindern, wodurch die Klassenschülerzahlen an die

Grenze des Erträglichen gehen und ein inhaltsvermittelnder Unterricht nur erschwert möglich ist. Schulzusammenlegungen über Gemeindegrenzen hinweg werden vonseiten des Landes angedacht, sind aber aus verständlichen Gründen schwer umzusetzen. Die Schule zu verlieren, sie gewissermaßen auf den wirtschaftlichen und pädagogisch sinnvollen Altären zu opfern, käme in den Augen vieler Gemeindeverantwortlicher einem politischen Selbstmord gleich. Denn der strukturelle Aderlass in den kleinen Gemeinden lässt die Dörfer landauf und landab zunehmend blutlos erscheinen. Längst sind die Pfarrhöfe verwaist und die wenigen Seelsorger sind zu Wanderpredigern geworden, deren geistliches Nomadendasein einer Art „Fast-Food-Religion" gleicht. Drei Pfarren zu betreuen, ist für manchen Priester mittlerweile zur Selbstverständlichkeit geworden. Die Postämter sind Postpartnern gewichen, sofern sich ein Betreiber überhaupt fand. Die Krämerläden sind geschlossen, der Wirt sperrte zu. Als Herzschrittmacher in den sterbenden Dörfern fungieren vielerorts Dorfentwicklungsvereine, die einen Teil dörflicher Tradition, wie Frühschoppen oder Stammtische, in öffentlichen Räumlichkeiten anbieten. Ebenso fahrende Händler, welche als „Gäufahrer" im Bäckerhandwerk eine lange Tradition haben und nun ihr Angebot um die Bedürfnisse „Nahunterversorgter" erweitern. Sie halten den

Patienten Kleingemeinde am Leben. Der Intensivstation Dorf nun auch noch die Zukunft in Form der Schule zu nehmen, ist für viele undenkbar. Schulkooperationen zwischen zwei oder drei Gemeinden gibt es inzwischen mancherorts, wobei bei weiter sinkenden Schülerzahlen auch diesen Modellen eine düstere Zukunft beschieden sein könnte.

Krasting ist in der glücklichen Lage, über eine noch einigermaßen funktionierende Infrastruktur zu verfügen. Einzig der fehlende Nachwuchs an Kindern bereitet Sorgen und scheint auch ein Hemmschuh am Zeitplan der Schulsanierung zu sein. Vonseiten des Landes verweist man inzwischen verstärkt auf die Dringlichkeit der sogenannten Nachmittagsbetreuung für Schulkinder. Unter diesem Aspekt sei auch eine geplante Schulsanierung zu sehen, ließ die zuständige Landesstelle nun wissen. Eine bereits mehrmals durchgeführte Bedarfserhebung in der Krastinger Bevölkerung zeugt aber von einem zu geringen Bedarf an einer derartigen kostenintensiven Einrichtung, welche zu einem Großteil zulasten der Gemeinde gehen würde. Denn noch dominiert in Krasting die traditionelle Familie. Noch ist die über Jahrhunderte bewährte Struktur gut erkennbar. Noch helfen die Großeltern aus, übernehmen stundenweise die Aufsicht ihrer Enkel. Noch ist in Krasting zumindest diese Welt einigermaßen in Ordnung – noch.

Der Gemeindekindergarten, welcher sich im erweiterten Anbau des Gemeindeamtes befindet, ist in einem baulich guten Zustand. Erst vor wenigen Jahren wurde er generalsaniert und um einen Gruppenraum erweitert. Doch auch in diesem Bereich ist eine sich anbahnende Strukturänderung spürbar. Krabbelstuben, vor allem von der Wirtschaft gefordert, beschäftigen auch die Politik. Es sind Einrichtungen, in denen die Betreuung ab dem 1. Lebensjahr angeboten wird. Fast täglich ist darüber in den Zeitungen zu lesen und dabei wird diese Art der Betreuung als Zukunftsmodell moderner Familien gepriesen. Die entstehenden Kosten dieser arbeitsintensiven Einrichtung treffen auch in diesem Fall hauptsächlich die Gemeinden. Auch in Krasting ist seit einiger Zeit die Diskussion über die Notwendigkeit von Krabbelstuben im Gange. Ein absoluter Gegner dieser frühkindlichen Betreuungsart ist der Kurvenwirt Hans Riller. Sowie bei den Stammtischgesprächen dieses Thema aufgegriffen wird, meldet er sich leidenschaftlich zu Wort.

Sein Eintreten für eine Betreuung im Familienkreis, im Idealfall von der Mutter, erklärt sich aus seiner persönlichen Situation. Hans Riller ist in den späten 1930er-Jahren geboren. Seine Mutter arbeitete damals in der Landwirtschaft und verdiente ihren Lebensunterhalt bei verschiedenen Bauern. Dann wurde sie schwanger und wie damals üblich, war ihr nur eine kurze Babypause von wenigen Tagen gegönnt. Als ledige Magd war sie gezwungen, bereits kurz nach ihrer Niederkunft die Arbeit bei ihrem Bauern wieder aufzunehmen. Den Kindesvater wollte oder konnte sie nicht nennen. Man verdächtigte einen der Knechte, doch auch der Bauer wurde unter vorgehaltener Hand der Vaterschaft bezichtigt. Für diese Möglichkeit sprach auch das hartnäckige Schweigen der Magd. Der Säugling Hans kam schon kurz nach der Geburt zu einer älteren Frau, die sich fortan um ihn und sein Wohlergehen kümmerte. Nur an den Sonntagnachmittagen bestand für die Mutter die Möglichkeit, ihren kleinen Hansi zu besuchen. Sowohl die Mutter wie auch das Kind litten darunter. Der Kurvenwirt berichtete oft von dem Schmerz seiner Mutter, den sie gegenüber seiner Ersatzmutter äußerte:

„Du hast das guat, du siagst an Buam aufwachsn."

Er selbst empfand durch die spärlichen Besuche nie die Innigkeit einer Mutter-Kind-Beziehung, wie er immer wieder betont. Er fremdelte manchmal, wenn die Mutter in der Erntezeit 14 Tage nicht kommen konnte. Seine Ersatzmutter, welche er Oma nannte, mochte er gern. Seine Mutter aber liebte er, trotz der Distanz, die er zu ihr empfand. Doch das Wissen über eine Mutter, die es zwar gab, welche aber so gut wie keine Zeit für ihn hatte, verunsicherte ihn. Erst Jahre später, mit dem Einzug der Technik in die

Landwirtschaft, endete allmählich die Ära der bäuerlichen Dienstboten. Seine Mutter heiratete einen Kleinhäusler und nahm den mittlerweile Zwölfjährigen zu sich und ihrem Mann, der dem Buben ein guter Stiefvater war. Er bekam noch drei Halbgeschwister, zu denen er jedoch nie eine geschwisterliche Beziehung aufbaute. Diese seine Lebensgeschichte erzählte der Kurvenwirt oft. Deshalb habe er ein gestörtes Verhältnis zu Krabbelstuben, erklärte er dabei. Hans Riller versteht natürlich, dass diese Einrichtungen bei Härtefällen, wie sie oftmals Alleinerziehende betreffen, ihre Berechtigung haben. Diese Tatsache stellt der Kurvenwirt bei seinem leidenschaftlichen Eintreten für die familiäre Erziehung auch nicht infrage. Ihn stört eine andere Entwicklung, der rein materialistische Beweggrund, die Erschaffung der „Wohlstandswaisen", wie er sie nennt.

„Heitzutags hättens dö Möglichkeit, dass d'Muatter zumindest a paar Jahr bei dö Kinder bleibat, aber da Woihstand verhinderts!"

Bei dieser Definition gegenwärtiger Familienpolitik, offenbart sich für Hans Riller eine andere Sicht der angebotenen Kinderbetreuung. Mit der stetig steigenden Lebensqualität, welche in den westlichen Ländern mit Wohlstand, Unabhängigkeit und ausgeprägtem Konsumdenken tituliert ist, verkümmern nach Ansicht des Kurvenwirtes die wirklich wichtigen Dinge: Bescheidenheit, gegenseitiges Verständnis und Zufriedenheit. Natürlich polarisiert der Kurvenwirt mit seinen Ansichten. Nicht jeder teilt seine Meinung und mitunter kommt es dabei zu gröberen Verstimmungen, wodurch er schon manchen Stammgast verloren hat. Meist dann, wenn Hans Riller auf den Punkt seiner Ausführungen kommt, fühlt sich der eine oder andere Gast betroffen:

„Heint baunt a sö Häuser, dö wia Paläste ausschaun, mit oin möglichn Komfort. A schwárs Auto ghört áh her und a teierna Urlaub an Summer und an Winter. Dann müaßn oi zwoa arbeitn geh, dass sa sö dös überhaupt leistn kinnan. Aber Kinder bleibm áf da Streckn. Dö werdn a da Krábblstubm ausgsetzt. Dös is dö moderne Version vo Hansl und Gretl. Und zahln tuats d'Allgemeinheit!"

Auch Franz Grabner wird bei seinen gelegentlichen Stammtischbesuchen oftmals mit diesen Themen konfrontiert:

„Was sagst denn du, Bürgermoaster, brauch ma so flächendeckende Krábblstubm wirklih?"

Franz Grabner kennt natürlich beide Seiten der gegenwärtigen Situation in diesen Bereichen. In den Sozialhilfeverbänden, welche aus den Gemeinden der jeweiligen Bezirke bestehen, sind diese Themen allgegenwärtig. Verhaltensauffällige Kinder und Jugendliche, die oftmals gescheiterten Beziehungen entstammen, stimmen nachdenklich. Entwurzelt, am

Abstellgleis der Gesellschaft dahinsiechend, gestrandet an den Ufern einer scheinbaren Glitzerwelt. Vielleicht „Produkte" einer Leistungsgesellschaft, die glaubt, sich alles leisten zu können? Vielleicht auch Opfer einer Zeit, deren verspiegelte Werte wie in den Castingshows nur auf Superstars gebündelt sind? Die Gesellschaft hat sich verändert, neue Familienstrukturen sind entstanden und rechtfertigen, ja fordern aus sozialer Sicht geradezu ein Engagement in diese Richtung.

Der Kurvenwirt wird dennoch nicht müde, immer wieder die seiner Meinung nach einseitige Gewichtung hin zu Betreuungseinrichtungen anzuprangern. Leidenschaftlich plädiert er dafür, endlich den Wert der Hausfrau und Mutter achten zu lernen und ihre Leistung für Staat und Gesellschaft wertschätzend abzugelten. Fast immer enden die emotionellen Ausführungen von Hans Riller mit einer abschließenden Feststellung:

„Oder möcht ma wirklih, dass grad nuh da Staat dö Kindererziehung übernimmt. Dös hat scho seinerzeit bei dö Russn untern Kommunismus nöt highaut."

Das Wasser des Lebens

Das Gefüge eines Dorfes, gewissermaßen die Grundkonstruktion oder das Gerippe, welches den Mythos der Unsterblichkeit darstellt, lässt sich nur schwerlich erschüttern. Dort, wo über Jahrzehnte gewachsene Strukturen, im Boden verankert, ein Bollwerk gegen den Zeitgeist darstellen, ist eine Veränderung unvorstellbar. Bereits in der fünften Generation betreibt die Familie Holzner den Lebensmittelladen in der Krastinger Hofmark. Noch vor 30 Jahren gab es drei Krämer, welche die Nahversorgung des Dorfes sicherstellten. Alle drei konnten davon leben, betrieben als Nebenerwerb eine kleine Landwirtschaft und erfüllten über Jahrzehnte die Bedürfnisse des Dorfes. Der „Holzner-Kramer" war schon immer der Beste aus ihrer Zunft. Alles was die beiden anderen Geschäfte nicht führten oder mitunter vergriffen war, beim Holzner konnte man es erwerben. Als die beiden Krämer nacheinander aus Altersgründen ihre Geschäfte schlossen, redete man darüber und bedauerte das zunehmende Verschwinden kleiner Gewerbetreibender. Einen Aufschrei in der Bevölkerung von Krasting gab es aber deshalb nicht. Man hatte den Holzner. So wie mit 100-prozentiger Sicherheit allmorgendlich die

Sonne aufging, so sperrte auch der „Holzner-Kramer" täglich seinen Laden auf. Sogar sonntags bestand nach dem Gottesdienst eine Stunde die Möglichkeit, beim Holzner dringende Sachen zu besorgen.
Die Botschaft über den unausweichlichen Einschlag eines Meteoriten hätte mit Sicherheit keine größere Bestürzung ausgelöst. Das Unmögliche schien wahr zu werden: Der Holzner-Krämer gab in einem Rundschreiben die Schließung seines Geschäftes mit Monatsende bekannt. Seit 1854 war der Name Holzner mit Krasting eng verbunden. Bis in die Sechzigerjahre des letzten Jahrhunderts prangte über der Tür des alten Krämerhauses ein weißes Schild mit der grünen Aufschrift: „Gemischtwarenhandlung Karl Holzner". Von Lebensmitteln über verschiedene Werkzeuge und Farben bis hin zu Damen- und Herrenbekleidung gab es alles zu kaufen. Hinter einem grob gezimmerten Verkaufspult standen die Krämerleute Karl und Katharina Holzner. Der Krämer, einen grünen Schurz um seine beleibte Mitte gebunden und mit einem stets griffbereiten Bleistift hinter dem rechten Ohr, verkörperte den Inbegriff einer funktionierenden Nahversorgung. Unzählige Schubladen bargen die Bedürfnisse der damaligen Zeit. Grundnahrungsmittel, wie Zucker, Mehl, Grieß und dergleichen, vielfach noch persönlich vom Krämer in der gewünschten Menge abgefüllt. Selbst Benzin

und Dieselöl wurde an zwei Tanksäulen vor dem Geschäft angeboten. Die vierte Generation, Adolf und Maria Holzner, bauten das Geschäft Ende der Sechzigerjahre zu einem zeitgemäßen Lebensmittelgeschäft um. Die Tankstelle verschwand und das Warensortiment beschränkte sich fortan ausschließlich auf Lebensmittel. Ein Hauch von städtischem Einkaufsflair entstand durch die Umstellung auf einen Selbstbedienungsladen. Kleine Einkaufswagen waren nun durch das Geschäft zu schieben und mit den gewünschten Artikeln zu befüllen. Hin und wieder saß noch der alte Holzner-Krämer in der damals modern anmutenden Kasseninsel, welche er aufgrund seiner Leibesfülle ziemlich ausfüllte und versuchte umständlich mit seinen klobigen Fingern die Beträge in die Rechenmaschine einzutippen. So richtig wohl fühlte er sich dabei nie und oftmals wurde er bereits nach kurzer Zeit abgelöst, weil eine immer länger werdende Schlange an Zahlungswilligen auf seine Überforderung als Kassier hindeutete. Adolf und Maria Holzner übergaben ihr Geschäft im Jahre 2001 der jüngsten ihrer drei Töchter, Andrea. Gemeinsam mit ihrem Lebenspartner Kurt Schmied erweiterte Andrea Holzner das Geschäft und übernahm nach der Schließung des örtlichen Postamtes auch die Postpartnerstelle. Außerdem bot sie in einer kleinen Nische des Geschäftes Kaffee und kleine Imbisse an.

Nun war also das Ende einer langen Tradition absehbar. Die sprudelnde Quelle der selbstverständlichen Nahversorgung würde versiegen. Was für viele das Wasser des Lebens bedeutete, sollte es schon in wenigen Wochen nicht mehr geben. Schon prangte in großen Buchstaben der Schriftzug „Abverkauf" auf den Auslagenscheiben des Holzner-Krämers. Der Abverkauf betraf nur wenige Artikel. Lebensmittel wurden bis zum eigentlichen Schließungstermin Ende des Monats angeboten. Die alten Holznerleute Adolf und Maria waren todunglücklich über die Schließung „ihres" Geschäftes, wenngleich sie ihrer Tochter Andrea auch Verständnis für den Schritt entgegenbrachten.

Lebensmittelmärkte wachsen an den Randzonen größerer Städte und Märkte wortwörtlich aus dem Boden. Mittlerweile sind die nächstgelegenen Diskonter nur wenige Autominuten von Krasting entfernt. Eine wahre Papierflut an Werbeprospekten überschwemmt seither fast täglich die gesamte Region und wirbt mit Preisen, denen die kleinen Nahversorger nichts mehr entgegensetzen können. Freilich wird von den zahlreichen Kunden die damit verbundene, kostenverursachende Anfahrt oftmals nicht eingerechnet. Mit selbstlosem, persönlichem Einsatz versuchte Andrea Holzner in den letzten Jahren dieses Ungleichgewicht auszugleichen. Es funktionierte auch einigermaßen, wenngleich sie die Grenzen ihrer

Belastbarkeit oftmals spürte. Zu verlockend war für sie deshalb das Angebot, die Position als Marktleiterin in einem Großmarkt der Bezirksstadt zu übernehmen. Geregelte Arbeitszeiten, eine gute Entlohnung und vor allem eine entspannte Freizeit gaben den Ausschlag, nach reiflicher Überlegung diesen neuen Lebensabschnitt zu beginnen. Zudem kam diese Neuorientierung auch ihrem Partner Kurt Schmied entgegen, welcher seit geraumer Zeit in der Bezirksstadt seiner Arbeit als Mitarbeiter einer Bank nachging.

Am letzten verkaufsoffenen Tag des Lebensmittelmarktes Holzner war ein geregelter Verkauf nicht mehr möglich. Das Geschäft war derart überfüllt, dass es immer wieder für kurze Zeit geschlossen werden musste. Personen, welche man fast nie als Kunden antraf, drängten sich ebenso in den Verkaufsraum wie langjährige Stammkunden. Es gab Gratiskaffee und Plundergebäck. Vor dem Geschäft waren Tische und Bänke aufgestellt und es wurden Bier und Schweinsbratwürstel zum Selbstkostenpreis angeboten. Tränen flossen und man überschlug sich fast mit gegenseitigem Wehklagen über die zukünftig krämerlose Zeit. Bürgermeister Grabner hatte sich mit einem großen Blumenstrauß eingestellt und bedankte sich bei den Holzners in berührenden Worten für die langjährige Absicherung der Krastinger Nahversorgung. Bis weit nach Mitternacht grölten vor dem

Kaufgeschäft mehrere einschlägig bekannte Krastinger, bis der Bierfluss endgültig versiegte. Mit dem neuen Morgen war auch für die Bewohner des Dorfes ein neues Zeitalter angebrochen, das sie mit Dutzenden vergleichbaren Gemeinden teilen, der Alltag ohne Lebensmittelnahversorger.

Seit etwas mehr als 7 Monaten ist Krasting nun ohne Nahversorger im Lebensmittelbereich. Andrea Holzner hält seit ihrem Entschluss, den Laden zu schließen, nach Pächtern ihres Geschäftes Ausschau. Wie sie selbst eingesteht, fiel ihr der Schritt in ihr gegenwärtiges Berufsleben nicht leicht. Zu sehr sieht sie sich der langen Tradition der Familie Holzner als Nahversorger von Krasting verpflichtet. Ihr Bemühen, einen Nachfolger zu finden, ist aber bisher nicht von Erfolg gekrönt. Die spärlichen Interessenten verunsichert letztlich die finanzielle Belastung, welche sich durch die Miete der Verkaufsräume zwangsläufig ergibt. Auch eine mehrmalige Mietreduktion bis hin zur Schmerzgrenze für die Vermieterin brachte keinen ernstzunehmenden Interessenten. Nach wie vor gibt es in Krasting kein Lebensmittelgeschäft. Dieses Defizit an gewohnter Infrastruktur bewegt nun zunehmend die Gemüter. Vor allem ältere Menschen leiden darunter. Der gewohnte Gang zum Krämer war in den Jahren und Jahrzehnten zur Selbstverständlichkeit geworden. Hier kaufte man nicht

nur die Artikel des täglichen Lebens. Es war auch ein Ort der Kommunikation. Beim Krämer konnte man sich das Herz ausschütten, über gesundheitliche Probleme klagen und mitunter erfuhr man im Gespräch von dem einen oder anderen Hausmittel. Hier war der Platz, wo die Verbreitung von Neuigkeiten Fahrt aufnahm:
„Habt sös eh scho ghört, bein Hofbauern habms was Kloans kriagt!"
Beim Krämer entstanden Gerüchte oder wurden scheinbare Sensationen dementiert. Es war die vertraute Welt der Lebensmittel, man wusste, wo das Gesuchte zu finden war. Für viele vereinsamt Lebende auch Teil ihrer „Lebensmitte", ein Mittelpunkt in ihrer kleinen überschaubaren Welt. Nun sind es Freunde oder Nachbarn, welche ihnen eine Mitfahrgelegenheit zum städtischen Supermarkt anbieten. Dort irren sie in den Regalschluchten einer überladenen Welt durch das Labyrinth konsumgeschwängerter Gänge, an deren Ende die hektische unpersönliche Bezahlung steht. Kein: *„Na hamas wieder"* oder ein herzliches *„Vergelts Gott, bis zon nächstn Mal"* ist zu vernehmen. Nur das wie eingelernt klingende *„Einen schönen Tag noch"* begleitet die zackige Rückgabe des Restgeldes. Nahversorgung klingt anders.

Die goldene Gans

Es ist der 80. Geburtstag der Schmiedleitnerin, weshalb sich der Bürgermeister mit zwei Gemeinderatskollegen beim Kirchenwirt einfindet. Neben Franz Grabner ist das Heinz Unstätt von der PZW sowie der Ödbauer Max Hofer als Vertreter der BLÖ. Es gehört zur langjährigen Tradition in Krasting, dass zur Vollendung des 80. Lebensjahres die Gemeinde offiziell gratuliert. Dabei wird stets ein Geschenkskorb überreicht und die Überbringer dieser kommunalen Aufmerksamkeit sind dann als Gäste zur Geburtstagsfeier geladen. Es sind fast immer gemütliche Stunden, die der Bürgermeister mit seinen Gemeinderatskollegen dabei erleben darf. Die politischen Gegensätze scheint es bei derartigen Ereignissen nicht zu geben. Selbst der Ödbauer überrascht in solchen Stunden durch eine humorvolle Gemütlichkeit. Wenngleich seinem leutseligen Auftreten auch die politische Absicht der Sympathieheischerei zugrunde liegt. Hin und wieder ziehen sich solche Geburtstagsfeiern in die Länge. Besonders dann, wenn der Jubilar in guter gesundheitlicher Verfassung seine Feier zu Hause ausrichtet und seinen Runden mit den Gratulanten gebührend „begießen" will. Nicht selten sind es dann Kopfschmerzen, die den

Bürgermeister am darauffolgenden Tag an die zu intensive Feier erinnern.

Pauline Schmiedleitner, von den meisten kurz Schmiedleitnerin genannt, wollte aber eine große Feier, zu der sie auch ihre zahlreichen Verwandten und Bekannten einlud. Sie ist eine alleinstehende Frau, die zeit ihres Lebens ledig war. Jahrzehntelang arbeitete sie als Haushaltshilfe im Sägewerk Lüftinger. Ihre heutige Geburtstagsfeier stellt einen Höhepunkt in ihrem bisherigen Leben dar.

Die Gaststube beim Kirchenwirt ist fast schon überfüllt, als die drei Gemeindevertreter erscheinen. Es herrscht ein gewisses Chaos, verbunden mit fast scheu zurückgehaltener Ratlosigkeit. Niemand von den Gästen wagt sich zu setzen, da die genaue Sitzordnung nicht erkennbar ist. Die bunte Gruppe von Gratulanten weicht zaghaft zur Seite, als der Bürgermeister, flankiert von seinen Kollegen, den Weg zur Jubilarin sucht. Die Schmiedleitnerin steht inmitten der Gaststube und ist von dem zahlreichen Besuch überwältigt. Geschäftig dreht und wendet sie sich nach allen Seiten und genießt es sichtlich, einmal wirklich im Mittelpunkt zu stehen. Dabei vergisst sie völlig, ihren zahlreichen Gästen die Sitzplätze anzubieten. Bürgermeister Grabner übergibt nun der Schmiedleitnerin den reichlich gefüllten Korb und gratuliert ihr in kurzen Worten im Namen der Gemeinde. Erst jetzt entwirrt sich allmählich die

Situation. Der Kirchenwirt bittet fast energisch, man solle doch die Plätze einnehmen, damit die Kellnerinnen mit ihrer Arbeit beginnen könnten. Inzwischen ist auch der Pfarrer eingetroffen und nimmt am Tisch der Gemeindevertreter Platz. Der Geschenkkorb wird seitlich neben dem mächtigen Kachelofen abgestellt, nachdem unzählige Fotos mit der Jubilarin gemacht wurden. Es dauert nicht lange, entwickelt sich aus dem vorerst belanglosen Gespräch wieder der Dauerbrenner der letzten Monate. Es ist der Ödbauer, der mit Verweis auf den Geschenkkorb die Frage stellt: *„Wo kauft den iatzt Gmeindö an Geschenkskorb? Kramer hama ja koan mehr!"*
Franz Grabner hört deutlich den Vorwurf aus der Frage des Ödbauern. Es ist eine von vielen gestellten Fragen, die fast täglich an ihn gerichtet werden. Eigentlich kann er diese Diskussionen nicht mehr hören, sie verfolgen ihn mitunter bis in seine Träume. Der einzig Schuldige an der fehlenden Nahversorgung scheint der Bürgermeister zu sein. Er hat in den Augen vieler Krastinger gefälligst dafür zu sorgen, dass wieder ein Lebensmittelgeschäft in den Ort kommt. Wie er das bewerkstelligen soll, weiß freilich keiner so recht. Die Parteizeitung der BLÖ schrieb in ihrer letzten Ausgabe einen zweiseitigen Bericht zur Situation in Krasting. Auf der Titelseite prangte die riesige Schlagzeile: „Krasting ohne Nahversorger und der Bürgermeister schaut zu".

Franz Grabner hat bereits nach Bekanntwerden der Schließungsabsicht des Holzner-Geschäftes mit verschiedenen Lebensmittelketten Kontakt aufgenommen. Die Antwort war stets dieselbe. Natürlich würden sie den zukünftigen Unternehmer mit ihren Waren versorgen. Selbstverständlich könnte er auf ihre Erfahrung zurückgreifen, nur die Räumlichkeiten müsste der zukünftige Betreiber zur Verfügung stellen. Alles in allem würde bei einem Neubau eines zeitgemäßen Lebensmittelmarktes das erforderliche Investitionsvolumen eine Million Euro betragen. Einige Interessenten für die Geschäftsräume des ehemaligen Holzner-Krämers baten auch um ein Gespräch mit dem Bürgermeister. Dabei ging es einzig um die Frage einer finanziellen Unterstützung durch die Gemeinde. Die Möglichkeiten vonseiten der Gemeinde, mit einer ansprechenden Förderung den Neustart eines Nahversorgers zu erleichtern, sind aber gering. Zu eng ist das finanzielle Korsett des Landes geschnürt, welches den Gemeinden nur sehr begrenzte Mittel an Fördermöglichkeiten zugesteht. Franz Grabner versuchte diese Tatsache verständlich zu erklären, bedauerte ausdrücklich, nur im Rahmen der gesetzlichen Möglichkeiten handeln zu können und verwies auf die angespannte Finanzsituation der Gemeinde. Diese Aussage verunsicherte letztendlich durchaus seriöse Interessenten, welche sich eine deutliche finanzielle Unterstützung von der

Gemeinde erwarteten. Selbst Andrea Holzner, welche bisher das Bemühen des Bürgermeisters, einen Mieter für ihr Geschäft zu finden, sehr schätzte, kritisiert ihn nun öffentlich:

„Dös is doh nöt möglih, dass von der Gemeinde fast gar koa Förderung gibt. Da hat doh da Bürgermoaster áh was mitzredn!"

Es ist der Erwartungsdruck der Bevölkerung, unter dem der Bürgermeister zunehmend leidet. Für etwas verantwortlich gemacht zu werden, dessen Lösung beim besten Willen nicht von ihm beeinflussbar ist, macht Franz Grabner ernsthaft zu schaffen. Das erste Mal in seiner fast neunjährigen Amtszeit fühlt er sich immer öfter leer und ausgebrannt. Nie zuvor spürte er die Einsamkeit seines Amtes so deutlich. Ungesagte Vorwürfe, die er im Verhalten mancher Krastinger zu erkennen meint, lasten auf ihm. Tu endlich etwas, liest er aus den Blicken der Menschen. Tue, wofür du gewählt wurdest, handle, glaubt er zu vernehmen. Vor allem jene Gemeindebürger, welche im Kaufgeschäft Holzner sehr selten etwas erwarben, beklagen nun umso lauter die fehlende Nahversorgung.

Der Neffe der Schmiedleitnerin sitzt am Nebentisch und hat schon mehrmals dem Pfarrer und den Gemeindevertretern zugeprostet. Es ist Alfons Schmiedleitner, eine schillernde Figur im Krastinger Gemeindeleben. Ein Selbstdarsteller, dessen loses Mundwerk Außenstehende oftmals zu blenden vermag. Irgendwie schafft er es immer wieder, in die Gesellschaft von prominenten Zeitgenossen einzudringen. Dadurch ist er nicht selten in den verschiedenen Medien präsent. Ein Umstand, mit dem er bei manchen Leuten Eindruck erweckt. Auch er ist einer jener Krastinger Bürger, die den Bürgermeister wegen der fehlenden Nahversorgung ständig kritisieren. Allerdings vermeidet er es tunlichst, diese Kritik in Gegenwart von Franz Grabner zu üben. Bewusst sucht er bei gesellschaftlichen Ereignissen die Nähe des Bürgermeisters, pflichtet ihm bei Diskussionen am Stammtisch bei und hinterlässt immer wieder das Bild eines dem Bürgermeister ergebenen Mannes. Franz Grabner kennt die Philosophie dieses Wendehalses, geht aber bewusst auf sein falsches Spiel ein. Denn er weiß, dass hinter der Fassade seiner gespielt weltmännischen Art, ein zutiefst verunsicherter Mensch um Anerkennung kämpft. Dass aber dieser Kampf für ihn als Bürgermeister durchaus gefährlich werden könnte, ahnt er noch nicht.

Hans im Glück

Er war kein geborener Krastinger. Alfons Schmiedleitner kam als junger Bursche zu seiner Tante Pauline nach Krasting. Er absolvierte eine Lehre beim damaligen Schmied in Rödham, einer Ortschaft von Krasting. Um dem jungen Alfons ein Pendeln zwischen seiner 20 Kilometer entfernten Heimatgemeinde und dem Arbeitsplatz zu ersparen, bot sich die Schwester seines Vaters als Quartiergeberin an. So lebte er an den Werktagen bei seiner Tante in Krasting und nur die Wochenenden verbrachte er daheim bei seinen Eltern. Binnen kurzer Zeit fand Alfons Anschluss an die Krastinger Jugend und im Verbund Gleichaltriger wurde ihm Krasting zur neuen Heimat. Er blieb nun häufig auch an den Wochenenden im Haus seiner Tante und genoss das freie Leben fern seiner Eltern. Pauline Schmiedleitner war der Energie ihres Neffen nicht gewachsen. Sie hatte keine Ahnung, dass der ihr Anvertraute bereits im ersten Lehrjahr ein ausschweifendes Leben führte. Während sie ihn friedlich im Bette schlafend meinte, führte der aufmüpfige Alfons schon damals das große Wort in den Gasthäusern in und um Krasting. Durchzechte Nächte in den Diskotheken der Bezirksstadt, wohin er oftmals per Autostopp gelangte, waren fast an der

Tagesordnung. Seine Tante Pauline unterstützte ihn finanziell, wodurch sein dominantes Auftreten als Hochstapler glaubhaft wurde. Bereits in dieser Zeit besaß er eine außergewöhnliche Redegabe, mit welcher er den oft leeren Inhalt seiner Worte eindrucksvoll zu überspielen verstand. Immer wieder gelang es ihm, damit auch seinen Meister zu täuschen. Kam er nach manch durchzechter Nacht angeschlagen in die beschauliche Schmiede, spielte er mit Erfolg eine krankheitsbedingte Beeinträchtigung vor. Der Schmied, beeindruckt von der Arbeitsmoral seines Lehrlings, welcher trotz offensichtlich gesundheitlicher Probleme zur Arbeit erschien, honorierte diesen Einsatz im Sinne Alfons. Er wies ihm leichte Arbeiten zu, bei denen sich der Lehrling von einer langen Nacht und manchem Glas zu viel erholen konnte. Der Schmied, Josef Waghammer, hatte keinen Nachfolger und so wurde der Betrieb Ende der 1970er-Jahre eingestellt. Alfons Schmiedleitner war einer seiner letzten Lehrlinge. Er lernte noch Pferde zu beschlagen, wenngleich diese Arbeit damals schon sehr selten zu verrichten war. Hauptsächlich befasste sich der „Schmied z' Rödham" mit der Herstellung von einfachen Gittern und Geländern. Darüber hinaus verstand er sich auch ausgezeichnet auf die Reparatur landwirtschaftlicher Maschinen, weshalb er nie über Arbeitsmangel zu klagen hatte und die Schließung seiner Schmiede allgemein bedauert wurde.

Alfons Schmiedleitner war ein durchaus geschickter Schmied. Sein Lehrherr hatte ihn gut in die Kunst des Handwerks eingeführt. Dennoch machte Alfons nie einen Hehl daraus, sich zu Höherem berufen zu fühlen. Zu der, in seinen Augen, „einfachen" Arbeit eines Schmieds oder Schlossers fühlte er sich nicht hingezogen. Nach Beendigung seiner Lehrjahre verließ er den Schmied in Rödham und wurde Handelsreisender. Er besuchte als Vertreter eines Werkzeugherstellers metallverarbeitende Betriebe, denen er diverse Hilfsmittel und Werkzeuge anbot. Oftmals wechselte er in der Folge seine Arbeitsplätze, der Vertretertätigkeit aber blieb er treu, wenngleich sich die anzubietende Ware änderte. Für die Tätigkeit eines Vertreters war er wie geschaffen. Dabei verstand er es, sein Talent, die außergewöhnliche Redebegabung, nutzbringend einzusetzen. Das Geld, welches er dabei verdiente, brachte er mit Frauen in durchzechten Nächten durch. Seine Eltern waren über den Lebenswandel des Sohnes tief besorgt und die Kluft zwischen ihnen und ihrem einzigen Nachkommen wurde mit den Jahren immer größer. Auch in Krasting nahm man ihn nicht ernst. Er war von Jugend an als Angeber und Aufschneider bekannt. Seine Sprüche an den Stammtischen kannte man. Seinen Zug hin in den Dunstkreis Prominenter bewunderte man zwar mitunter, wirklich beeindrucken konnte er im Laufe der Jahre auch damit niemanden mehr. Er war im Grunde genommen ein Niemand, ein Großmaul ohne Fundament. Er hatte nichts. Drei Ehen waren bereits gescheitert, für einige minderjährige Kinder musste er Alimente zahlen und nur seiner derzeitigen Lebenspartnerin war es zu verdanken, dass er mit seinen mittlerweile 52 Jahren einigermaßen über die Runden kam. Wie er stets betonte, besaßen sie eine gemeinsame Eigentumswohnung, welche aber grundbücherlich allein seiner Partnerin gehörte. In der Dorfgemeinschaft war das Urteil über ihn längst gesprochen:

„Was hat a denn außer seiner großn Pápm? Wann sie nöt wár, müaßat a eh dahungern. Geh hör ma áf."

Der Kontakt zu seinen Eltern beschränkte sich auf das Notwendigste. Nur zu Weihnachten und an den Geburtstagen besuchte er sie. Dann starb seine Mutter und der Vater von Alfons lebte verbittert und allein in dem viel zu großen Haus. Das Verhältnis zu seinem Sohn war kühl und endete meist im Streit, wenn dieser ihn einmal im Jahr besuchte.

Das Leben des Alfons Schmiedleitner tropfte in einer fast langweiligen Eintönigkeit dahin. Seine Versuche, Eindruck zu schinden, verlagerte er ständig auf neu erschlossene Stammtische in den Nachbargemeinden von Krasting und darüber hinaus. Anfangs fand er meist andächtig lauschende Zuhörer, wenn er seine „Heldentaten" erzählte und diese mehr und mehr um fiktive Facetten erweiterte. Man applaudierte ihm, wenn er billige politische Phrasen drosch, die er zuvor kleinkarierten Boulevardblättern entnahm. Einige Monate war er damit erfolgreich, ehe er demaskiert weiterzog. Die Stunden und Tage des Alfons Schmiedleitner hätte die Zeit wohl unspektakulär weitergetragen, gespickt mit seinen ewig alten Geschichten, welche seinen innersten Träumen entsprangen. Jenen Träumen, die er seit Jugend an in sich trug. Einer zu sein, von der Welt bewundert, seiner Leistungen wegen. Eine jener Persönlichkeiten zu werden, deren Nähe er fast krankhaft suchte. Zumindest ein paar Sonnenstrahlen einer Welt zu erhaschen, die das Blattwerk seines Lebensbaums so endgültig zu beschatten schien.

Doch das Leben hatte eine Überraschung bereit, der ein trauriges Ereignis voran ging. Alfons Schmiedleitner erhielt die Nachricht vom Ableben seines Vaters. Er war vom Briefträger tot auf der Gartenbank sitzend gefunden worden. Einige Wochen nach der Beerdigung wurde Alfons als einziges Kind zur Abhandlung der Hinterlassenschaft bestellt. Bei der Eröffnung des Testaments änderte sich urplötzlich das Leben des Alfons Schmiedleitner. Die Hinterlassenschaft betraf nicht nur sein Elternhaus, in dem der Vater bis zuletzt lebte. Wie sich herausstellte, hatte ein Bruder des Verstorbenen sein Vermögen bereits vor Jahren seinem Vater überschrieben.

Neben einer Wohnung im Zentrum der Landeshauptstadt handelte es sich dabei auch um ein Barvermögen von rund 400.000 Euro.

Alfons Schmiedleitner lief in den folgenden Wochen zur Höchstform auf. Er gehörte nicht zu jenen Menschen, welche solch einen Glücksfall mit der nötigen Zurückhaltung und Demut aufnehmen. Alfons erzählte allen, die es hören wollten, von seiner Erbschaft. Und es waren viele, welche am Glück des Alfons Schmiedleitner teilnahmen, wenn er großspurig ganze Stammtische zechfrei hielt. Nun brauchte er sich nicht mehr in die Nähe wichtiger Persönlichkeiten zu schummeln, nun war er einer der ihren geworden. Sein Wort an den Stammtischen gewann an Gewicht, wenngleich sich der Inhalt der Aussagen nicht wesentlich veränderte. Man lud ihn ein, man fragte um seinen Rat und sein Ansehen hatte nicht mehr den verruchten Beigeschmack des Aufschneiders und Angebers. Sein Ruf, einst schrill und falsch, war in der Verblendung des finanziellen Wandels einem harmonischen Gleichklang gewichen. „Geld macht mächtig", pflegt der Kurvenwirt oft zu sagen. Alfons Schmiedleitner war das beste Beispiel dafür.

Seit seiner Erbschaft wälzte er Pläne und setzte sie allmählich in die Tat um. Er kaufte das alte Lagerhausgebäude, welches seit Jahren einen Käufer suchte und baute es zu einem modernen Logistikcenter um. Alfons Schmiedleitner war unter die Unternehmer gegangen. Er gründete einen Kurierdienst, welchem er den Namen „homing pidgeon" gab. Der Firmenname war der englische Begriff für Brieftaube. Mit dieser Bezeichnung wollte er auf die sichere und prompte Zustellung durch sein Unternehmen hinweisen. Seine Stärke, wie er immer wieder betonte, war die schnelle, zuverlässige Überbringung verschiedenster Dinge. Er wurde zum regionalen Begriff in der Branche der Kurierdienste. Seinen Fuhrpark erweiterte er stetig. Bereits Ende seines ersten Unternehmerjahres beschäftigte er zwölf Personen. Krasting war beeindruckt. An den Stammtischen sprach man fast ehrfurchtsvoll über ihn. Selbst ehemalige Spötter und Personen, welche stets negativ über diesen *„Noutnigl",* wie sie in abwertend nannten, herzogen, waren nun voll des Lobes über ihn:

„Ja der Schmiedleitner Alfons, kinna tuat a was. Dös wár áh a guata Bürgermoaster, der bringt was weiter und redn kann er áh!"

Freilich lief die Firma nicht so perfekt, wie sie sich nach außen hin darstellte. Der Markt in der Branche war umkämpft. Alfons Schmiedleitner fuhr mit „Kampfpreisen", wie er sein aggressives Auftreten selbst bezeichnete, den Mitbewerbern ins Geschäft. Seine Zustellungen waren immer öfter nicht kostendeckend. Bald munkelte man auch darüber, dass er nicht alle Mitarbeiter legal beschäftigt hätte.

„Iatzt hanö wieder oan gsehgn, der hat ausgschaut wia da Dschingis Khan. I moa nöt, dass der bei uns gmeldt is."

Solche Aussagen konnte man selbst von Mitarbeitern der Firma „homing pidgeon" vernehmen. Tatsächlich hatte man bei einem Besuch in der Firma Alfons Schmiedleitners das Gefühl, dass hier nicht alles mit rechten Dingen zugehe.

Politisch war Alfons Schmiedleitner schwer einzuordnen. Er stellte nach wie vor sein Fähnchen in den Wind und verstand es, den Leuten nach dem Mund zu reden. Seit er in die Riege der Krastinger Unternehmer aufgestiegen war, bemühte er sich, seine Nähe zur Partei des Bürgermeisters erkennen zu lassen. Auch der Unternehmervereinigung, kurz UV genannt, trat er bei. Die UV ist eine in der VVP integrierte Verbindung, die Interessen selbstständig Erwerbstätiger innerhalb der Partei vertritt. Dennoch ließ er keine Gelegenheit aus, den Bürgermeister zu kritisieren. Immer dann, wenn er sich in einem Kreis von Personen wähnte, dem am Amtsverständnis des Bürgermeisters etwas missfiel, setzte auch er zu wortgewaltigen Attacken gegen Franz Grabner an. Er beklagte die seiner Meinung nach zu geringe Förderung für Gewerbebetriebe und stellte die Fähigkeit von Franz Grabner für das Bürgermeisteramt generell infrage. Dabei jonglierte er äußerst geschickt über den schmalen Grad zwischen konstruktiver

Kritik und Geschmacklosigkeit. Seine Aussagen wirkten nicht verachtend, vielmehr glaubte man die Sorge um die kommunalpolitische Zukunft von Krasting herauszuhören. Seine Mitgliedschaft bei der UV führte nun zwangsläufig auch dazu, ihn zu den Fraktionssitzungen der VVP einzuladen. Josef Rankl, ein Mitarbeiter seiner Firma und Mitglied der VVP, galt als fanatischer Bewunderer seines Chefs. Den 28-Jährigen beeindruckten die losen Sprüche seines Arbeitgebers, welche diesem nach wie vor oft unüberlegt über die Lippen kamen. Rankl war ein kritischer Geist in der Partei, der die offizielle Linie der VVP immer wieder infrage stellte. In ihm fand nun Alfons Schmiedleitner einen Verbündeten, den er für seine Zwecke benutzen konnte. Er beförderte Rankl zum Disponenten und übertrug ihm immer öfter vertrauliche Aufgaben. Josef Rankl dankte ihm das durch absolute Loyalität und Gleichschaltung seiner Ansichten mit denen seines Chefs.

Es ist bereits die dritte Fraktionssitzung, bei der auch Alfons Schmiedleitner anwesend ist. Bei den beiden vorangegangenen Zusammenkünften verhielt er sich eher unauffällig. Einige belanglose Wortmeldungen waren das Einzige, was auf seine Anwesenheit hinwies. Erst nach Beendigung des offiziellen Teils der Sitzung drosch er seine gewohnten Phrasen wieder in der bekannt aufdringlichen Art. Eines seiner beliebten Themen ist der stete Hinweis auf den herausragenden Erfolg seiner Firma. Lauscht man seinen Ausführungen, glaubt man den Geschäftsführer eines Weltkonzerns sprechen zu hören.

Fraktionssitzungen finden in der Regel immer einige Tage vor Gemeinderatssitzungen statt. Hier werden im engsten Kreis der Parteimitglieder die Tagesordnungspunkte des Gemeinderates erläutert. Seit Jahrzehnten treffen sich dabei die Granden der VVP im Gasthaus zum Kurvenwirt. Hans Riller, selbst langjähriges Parteimitglied, ist stolz, die VVP im Hause zu haben. Besonders gelegen kommt dem Kurvenwirt dabei der Umstand, dass er stets Neuigkeiten aus erster Hand erfährt. Seine angeborene Neugierde kann er dabei kaum zügeln, weshalb er mitunter auch auf seine Arbeit, leere Gläser wieder nachzuschenken, vergisst. Es sind meist an die 20 Personen, welche der Einladung der Partei- und Fraktionsobfrau Hilde Herstberger folgen. Bei besonders attraktiven Tagesordnungspunkten erhöht sich die Zahl der Anwesenden auch auf 30 und mehr. Unter attraktiven Punkten verstehen viele Parteimitglieder Themen, bei denen eine Konfrontation mit den politischen Mitbewerbern zu erwarten ist. Darüber hinaus wirken Grundankäufe oder Umwidmungsangelegenheiten auf manche fast magisch:

„Heint auf d'Nacht geh ih sicher a d'Fraktionssitzung. Es hånd a paar hoaße Punkte obm, hanö ghört!"

Die Tagesordnung, die der Bürgermeister nun Punkt für Punkt durchgeht und erläutert, stellt keine besonderen Höhepunkte dar. Einzig unter Punkt 11 scheint eine längere Diskussion unabdingbar. Dabei geht es um die vor einem Jahr durchgeführte Übersiedlung des Kriegerdenkmals an seinen neuen Standort. Seit Jahren wurde dieser Platz als Parkplatz für das Kaufgeschäft Holzner angedacht. Durch die überraschende Schließung des Geschäfts vor fast drei Jahren schien dieses Vorhaben nicht mehr aktuell zu sein. Nach langer Suche fand sich vor etwas mehr als einem Jahr doch noch ein Pächter für das ehemalige Kaufgeschäft Holzner. Die Freude bei der Bevölkerung war groß. Besonders Franz Grabner fiel damals ein Stein vom Herzen. Er hatte selbst aktiv am Zustandekommen des Pachtvertrages mitgewirkt. In harten Verhandlungen, unter Ausschöpfung aller nur möglichen Fördertöpfe, war es schließlich gelungen. Die nahversorgungslose Zeit in Krasting war vorbei. Eine der Bedingungen des neuen Kaufmanns war die Schaffung von zusätzlichen Parkmöglichkeiten im Nahbereich des Ladens. Als einzig sinnvoller Platz erschien die Fläche am Standort des Kriegerdenkmals. Der Gemeinderat beschloss daraufhin einstimmig die Übersiedlung des Kriegerdenkmals in die Nähe des Gemeindevorplatzes, was einen enormen Aufwand und unvorhergesehene Kosten verursachte. Zudem ging diesem

Vorhaben eine monatelange Diskussion voraus, ob ein Kriegerdenkmal in Krasting überhaupt noch benötigt würde. Eine selbsternannte Friedensbewegung tat sich plötzlich hervor und forderte in Anbetracht der schwer belasteten Vergangenheit von Krasting den ersatzlosen Abbruch des Denkmals. Diese Forderung brachte vor allem ältere Krastinger in Rage, die nun ihrerseits sogar die Beibehaltung des Standortes einforderten:

„Dös is der Platz, wo d'Amerikaner unsere Leit z'samtriebm habm, bevors sös weg habm. Der Platz is heili. Ös versündigts eng, wannz ös vo da weg toats."

Der alte Fink, seit Jahrzehnten als „Obmann der Weltkriegsheimkehrer" den meisten Krastingern ein Begriff, vertrat eine eigene Sicht der Dinge. Seine Familie hatte als „Sudetendeutsche" unter den menschenverachtenden Auswüchsen der damaligen Zeit besonders zu leiden. Ihm schwebte anstatt des Kriegerdenkmals ein schlichter Gedenkstein zur Erinnerung an die Opfer beider Weltkriege vor. Mit dieser Meinung polarisierte er besonders unter seinen Vereinsmitgliedern. Schon erklärten Kriegsveteranen aus dem ganzen Bezirk notfalls mit einer Sitzblockade die Erhaltung des Kriegerdenkmals zu erzwingen. Der alte Fink und mit ihm eine kleine Gruppe Gleichgesinnter waren von der übertriebenen Reaktion, welche auf ihren Vorschlag hin folgte, völlig überrascht und lenkten daraufhin resigniert ein. So konnte das Vorhaben „Versetzung des Kriegerdenkmals" schließlich umgesetzt werden. Nepomuk Fink trat daraufhin von seiner Tätigkeit als Obmann der Weltkriegsheimkehrer zurück und beteiligt sich seither nicht mehr an den verschiedenen Ausrückungen im Jahreskreis. Die frei gewordene Fläche hat man dem Wunsche des neuen Nahversorgers entsprechend zu einem öffentlichen Parkplatz umgebaut. Der Kostenrahmen dieses „Übersiedlungsprojektes" wurde dabei massiv überschritten. Dem Gemeinderatsbeschluss liegt eine Kostenschätzung von 35.000 Euro zugrunde. Die Endabrechnung ergab aber letztlich 52.610 Euro. Zudem schloss der Pächter des Holzner-Geschäftes bereits nach neun Monaten seinen Laden wieder, sodass in Krasting erneut der Nahversorger fehlt.

Unter Punkt 11 der Tagesordnung geht es nun um den nachträglichen Beschluss zur Ausfinanzierung des mittlerweile fertiggestellten Vorhabens. Josef Rankl, inzwischen die rechte Hand von Alfons Schmiedleitner, meldet sich nach der kurzen Erläuterung des Punktes umgehend zu Wort. Er will wissen, weshalb es überhaupt zu so einer deutlichen Kostenüberschreitung von immerhin 17.610 Euro kommen konnte.

„Da muaß ih scho sagn, wann mir a da Firma áh so tátn, stánd ma nöt so guat da. A da Privatwirtschaft kriagát so a Manager Probleme!"

Die Erklärung des Bürgermeisters, es seien nicht vorhersehbare Arbeiten erforderlich gewesen, glaubt Rankl nicht. Die Tatsache, dass beim Kriegerdenkmal feine Risse festgestellt wurden, deren Behebung Mehrkosten verursachten und außerdem einige Elemente erneuert werden mussten, überzeugt ihn ebenfalls nicht. Außerdem bezweifelt er die Notwendigkeit, den gesamten Unterbau der nunmehrigen Parkfläche erneuert zu haben. Franz Grabner wird fast ungehalten und beschuldigt Josef Rankl in einer emotionalen Zurechtweisung, nichts von der Materie zu verstehen:

„Du redst und kritisierst oafach und hast eh koa Ahnung. Hätt ma leicht aufm Dreck draufásphältieren soin?"

Alfons Schmiedleitner war bisher auffallend ruhig. Allerdings ist aus den Wortmeldungen von Josel Rankl die „Regie" Schmiedleitners herauszuhören. Auch Franz Grabner ist sich dessen sehr wohl bewusst. Nun ergreift Alfons Schmiedleitner das Wort:

„Bürgermoaster, ih ha a Frage. Warum hat man nöt vertraglich den Pächter vo da Kramerei a weng a Pflicht gnuma. Da Krama is weg und da teier Parkplatz is da. Dös hätt ma vermeidn kinna, wann ma a Vereinbarung gmacht hätt, dass a mindestens 5 Jahr bleibm muaß, sunst zahlt a bein Párkplatz mit."

Das zustimmende Gemurmel in der Gaststube ist ein deutliches Zeichen für den Bürgermeister. Diese

Ansicht teilen mehrere der Anwesenden. Da nützt es wenig, zu erklären, dass sich der damalige Pächter nie und nimmer auf derartige Verpflichtungen eingelassen hätte. Franz Grabner war bei unzähligen Besprechungen dabei und ohne die Zusage der Parkraumerweiterung hätte er den Pachtvertrag nicht unterschrieben. Er kannte die finanzielle Schmerzgrenze des Pächters. Sie war es letztendlich auch, welche ihn neun Monate später zum Aufgeben bewog.

Die Diskussionen um Punkt 11 dauern noch fast eine halbe Stunde. Der Bürgermeister ist sich sicher, dass dieses Thema im Gemeinderat nicht für solche Emotionen sorgen wird. Man hat die Verlegung des Kriegerdenkmals mit der gleichzeitigen Erstellung der Parkfläche vor einem Jahr einstimmig beschlossen. Alle drei Parteien betonten damals die Wichtigkeit dieses Schrittes. Zudem wurden die Arbeiten vom Bauausschuss begleitet, welcher sich aus Vertretern aller Fraktionen zusammensetzt. Die Notwendigkeit nicht geplanter Ergänzungsarbeiten stand deshalb nie zur Debatte. Franz Grabner ist bereits als jungem Gemeinderat der eklatante Unterschied zwischen Fraktions- und Gemeinderatssitzungen aufgefallen. Natürlich geht es in den Sitzungen des Gemeinderates mitunter heiß her. Ebenso sind Fanatiker, welche es in allen Parteien gibt, unter gewissen Umständen in der Lage, das politische

Klima einer Gemeinde negativ zu beeinflussen. Dennoch sind es sehr oft die eigenen Leute, welche die Führungsspitzen dörflicher Entscheidungsträger mitunter in ernste Bedrängnis bringen. Noch klingen dem Bürgermeister die Worte seines Vorgängers Alois Lerchfelder in den Ohren, die er gegen Ende seiner politischen Laufbahn fast prophetisch kundtat:

„Oans sag ih da scho, an gfährlichern hánd dö eigenen Leit!"

Einer der „eigenen Leute" ist seit seiner Karriere als Unternehmer nun auch Alfons Schmiedleitner. Zunehmend spielt er sich auf der dörflichen Ebene in den Vordergrund. Josef Rankl ist dabei sein strategischer Wegbereiter, eine Art Mann fürs Grobe. Rankl eckt bewusst an, sorgt innerhalb der VVP für Diskussionsstoff und Unruhe, während Alfons Schmiedleitner elegant den Wind aus den Segeln all zu emotioneller Entwicklungen zu nehmen scheint. In fast weltmännischer Art wirkt er dadurch als Mentor mit Augenmaß, stets um Deeskalation bemüht. Diese Taktik erzeugt bereits eine gewisse Sympathie gegenüber dem einst verpönten Sprücheklopfer und Aufschneider. Die berechnende Fratze hinter der lächelnden Maske zu erkennen, fällt vielen zunehmend schwer. Besonders positiv fällt Alfons Schmiedleitner auch durch seine Sponsortätigkeit mehrerer Krastinger Vereine auf.

„Iatzt unterstützt mirscheint da Schmiedleitner Alfons an Sportverein áh nuh. Also, oans muaß ma ja wirklö sagn, was der für d'Vereine tuat, dös is allerhand."

Es schien alles für Alfons Schmiedleitner zu laufen. Schon gab es erste Krastinger, die laut über eine politische Karriere des neuen Sterns am VVP-Himmel nachdachten. Noch wagte niemand das Wort Bürgermeister im Zusammenhang mit Alfons Schmiedleitner in den Mund zu nehmen. Sobald er allerdings im Kreise seiner engsten Sympathisanten in die bekannten Sprüche vergangener Zeiten verfiel und dabei Franz Grabner in herablassender Art verunglimpfte, applaudierte ihm die hörige Gruppe euphorisch:
„Alfons, du wárst da Richti. Mit dir gángs mit Krasting aufwärts!"
Die zunehmenden innerparteilichen Probleme der VVP, von Alfons Schmiedleitner geschickt geschürt, belasten nicht nur Franz Grabner. Hilde Herstberger sieht sich als Parteiobfrau oftmals fast nicht mehr in der Lage, die hochgehenden Wogen zu glätten. Ebenso gerät der Vizebürgermeister Gottfried Hängler zunehmend in den Strudel der Querelen. Immer öfter wird er in plumper Form aufgefordert, als Vizebürgermeister zugunsten von Alfons Schmiedleitner zurückzutreten:
„Mia müaßn áf Zukunft áh a weng denga. Lassts doh an Alfons zui, dass a sö einarbeitn kann."

Was Franz Grabner besonders verunsichert, ist der kommende Gemeinderatswahltermin. Nur mehr zehn Monate beträgt der Zeitraum bis zum nächsten Urnengang. Die völlig entbehrlichen Diskussionen in der VVP belasten den bereits beginnenden Wahlkampf. Zur Freude der politischen Mitbewerber vergeht fast keine Woche ohne neuerliche Streitigkeiten. Der Ödbauer nützt diesen Umstand geschickt für seine Zwecke und hat sich im Geheimen bereits mit Alfons Schmiedleitner engagiert:
„Wannst ebba áfn Bürgermoasterpostn spekulieratst, mir stehn hinter dir!"
Die blauen Wagen mit der weißen Brieftaube als Logo des Kurierdienstunternehmens „homing pidgeon" prägen nach wie vor das Straßenbild in und um Krasting. Der Chef selbst fährt einen dunkelgrünen Jaguar mit hellbraunen Ledersitzen. Daneben wirkt der graue VW Passat des Bürgermeisters fast armselig. Krasting befindet sich dank Alfons Schmiedleitner in zunehmender Euphorie. Kürzlich ließ er als Werbegag mehrere tausend weiße Luftballons in Form einer Brieftaube anfertigen, welche im Schnabel eine Karte mit der Aufschrift „homing pidgeon" trugen. Beim örtlichen Kindergarten stellte er sich nun zur Freude der Kleinen mit einer derartigen Ballonspende ein. Man ließ die Ballone, mit Adresskarten bestückt, im Rahmen einer kleinen Feierlichkeit am Firmengelände des Kurierdienstes steigen. Dem

Besitzer des am weitest geflogenen Ballons versprach Alfons Schmiedleitner einen unvergesslichen Tag im „Erlebnispark Kinderland".

Ein Umstand, welcher in der Öffentlichkeit noch nicht im vollen Umfang wahrgenommen wird, ist die finanziell angespannte Situation der Firma „homing pidgeon". Bürgermeister Grabner registriert eine zunehmend schlechte Zahlungsmoral von Schmiedleitners Firma. Kommunalabgaben sind seit Monaten nicht bezahlt und mit anderen Gemeindeforderungen, wie Kanal- und Müllgebühren, ist Alfons Schmiedleitner ebenfalls im Rückstand. Zudem klagen frustrierte Arbeitnehmer der Kurierdienstfirma über längst überfällige Lohnzahlungen. Noch überspielt Alfons Schmiedleitner seine zunehmend prekäre Finanzsituation mit überheblich anmutendem Gerede. Fast täglich steht sein grüner Jaguar vor einem der Krastinger Gasthäuser. An den Stammtischen lauscht man noch immer gespannt seinen Ausführungen. Nicht selten begleitet ihn dabei sein Prokurist Josef Rankl, welcher zunehmend dem Alkohol verfällt. Während sein Chef nach einigen Kaffees und wortgewaltigen Reden das Gasthaus oft frühzeitig verlässt, diskutiert Rankl weiter. Erst der Alkohol beendet oft in entwürdigender Weise seine Anwesenheit an den Stammtischen. Es fällt auf, dass er nach mehreren Halben Bier seine eigene finanzielle Lage beklagt:

"Was ih oiss für unser Firma tua, seit 3 Monat hanö scho koa Geld nimmer gsehgn. Aber werdn scho wieder amoi besserne Zeitn kemma."

Die besseren Zeiten für die Firma „homing pidgeon" blieben aus. Allmählich war die fast erdrückende Präsenz der auffallenden Firmenautos weg. Oftmals schien die Firmenzentrale tagelang menschenleer. In Krasting wurde man auf die Veränderungen aufmerksam.

„Ih woaß nöt, geht bei dera Firma, wia hoaßts, „hoamöng piedschn" scho nuh was. Ma siagt neamt mehr und Auto stehn áh koa mehr da."

„Kurierdienstunternehmen homing pidgeon pleite." In den Tageszeitungen kann man heute diese Meldung unter den Wirtschaftsnachrichten lesen. Den kurzen Beitrag beendet der Redakteur mit der Feststellung: „Die Brieftaube hat sich verflogen." Wie man dem Artikel entnehmen kann, belaufen sich die Verbindlichkeiten auf eine Million Euro. An den Stammtischen von Krasting sorgt der Konkurs wochenlang für Gesprächsstoff. Alle hatten diese Entwicklung kommen sehen.

„Wann da Bettlmann áf's Ros kimmt, kanna da Teifi nimmer dareitn. Da wárs eh leicht, wanns a so áh gáng. Der Schmiedleitner Alfons is sein Lebta a Sprecher gwön. Na, iatzt hatt mas gsehgn, wia weit daras bracht hat."

Der Kurvenwirt Hans Riller wusste sich selbst seinen Reim darauf zu machen:

"Da Stier macht d'Kuah trächtig und s'Geld macht d'Leit mächtig. Doch is dann s'Geld gar, iss wieder, wias war!"

Die Unruhe in der VVP legte sich. Josef Rankl schlitterte immer tiefer in seine persönliche Krise. Er wurde nach einem alkoholbedingten Ausraster für mehrere Wochen in die Psychiatrie eingewiesen, ehe er nun aufgrund seines zunehmenden Alkoholproblems medizinisch therapiert wird. Einzig Alfons Schmiedleitner lief zur alten Hochform auf. Er beklagte in emotionellen Stammtischdialogen das unternehmerfeindliche Steuersystem. Nicht er hatte sein Unternehmen in den Konkurs geführt, sondern Vater Staat.

"Mehr wia arbeitn kann ma nöt. Aber da Unternehmer is heint in jeder Hinsicht der Deschek. Da kunnt ih eng Sachan vozoihn ..."

Es schien, als sei ein Ballast von ihm abgefallen. Die Maske des Geschäftsmannes hatte er abgenommen. Seinem Auftritt auf der Bühne berauschender Großmannssucht folgte der ernüchternde Abgang. Die Scheinwerfer waren ausgeknipst, nun durfte er wieder er selber sein. Die Tragweite seiner gesellschaftlichen Versenkung in die Bedeutungslosigkeit versuchte er mit seiner alten „Tugend", des Anbiederns an vermeintlich wichtige Persönlichkeiten, wettzumachen. Der alte Alfons Schmiedleitner war zurückgekehrt.

Es ist ein stiller Abend, an dem Franz Grabner durch den bereits dämmerigen Wald geht. Bewusst wollte er in einer geliehenen Stunde, in der Stille des Feichtwaldes, zu sich selber finden. Zuviel hatte sich in den letzten Monaten ereignet. Es ist die Demaskierung vermeintlicher Mitstreiter, welche ihn schmerzt. Manchmal war ihm beinahe zum Lachen, wenn er auf die oft zitierte „dicke Haut" eines Bürgermeisters angesprochen wurde. Aus eigener Erfahrung weiß er es: Es gibt sie nicht, die Elefantenhäuter, welche sich abschütteln und weitermachen, als sei nichts geschehen. Denn über all den vermeintlich wichtigen Dingen, den unzähligen Entscheidungen zwischen Streitparteien, wo der Verlierer feststeht, noch ehe er verliert, neben dem täglichen Hick-Hack kleinbürgerlicher Perspektiven, stehen Gefühl, Wertschätzung und Anerkennung. Nachdenklich blickt er auf sein Dorf, wo erste Lichter zaghaft die schleichende Nacht verkünden. Gedämpft vernimmt er den Lärm von Fahrzeugen aus den noch geschäftigen Straßen. Hundegebell und Wortfetzen, die sich über den weitläufigen Feldern verlieren, vermischen sich mit dem Gebrumm eines einsamen Flugzeuges. Im Buschgehölz des Waldrandes hat sich ein geplatzter Luftballon verfangen. Gespenstisch flattert die erschlaffte Hülle im aufkommenden Wind. „Homing pidgeon, ihr zuverlässiger Kurierdienst" ist im sterbenden Licht des Tages zu lesen.

Frau Holle

Er mochte sie, die dunklen Monate des Winters, wenn die Hektik des Jahres allmählich von den frostigen Tagen entschleunigt wurde. Franz Grabners Spenglereibetrieb war in dieser Zeit überschaubarer. Die Außenarbeiten wurden weniger und verebbten schließlich zur Gänze. Es blieb Zeit für Tätigkeiten in der Werkstatt, die während des geschäftigen Jahres zurückgestellt wurden. Schon seit Kindheitstagen hatte es ihm der Winter angetan. Oft empfand er den ersten Schneefall als einen Akt der Gnade. Wie ein weißer Damast bedeckte der Schnee die Erde, verbarg Erledigtes und Unerledigtes unter seiner gnädigen Hülle, einem Tischtuch gleich, aufgedeckt auf den knorrigen Elementen herbstlicher Umtriebe. Für die Monate des Rastens in der Natur bereit und gerichtet für die Stunden des Durchatmens in der Erwartung auf Kommendes. Franz Grabner genoss es, wenn er in stürmischen Winternächten erwachte, geweckt von den Räumfahrzeugen des Winterdienstes, welche im nächtlichen Einsatz für befahrbare Straßen sorgten. Er schätzte die Geborgenheit seines Hauses, während scheinbar unsichtbare Mächte für Ordnung sorgten. Dies alles änderte sich fast schlagartig mit seiner Funktion als Bürgermeister. Nun ist es im Besonderen der Winter, welcher Franz Grabner alljährlich vor neue Herausforderungen stellt. Vorbei ist die Zeit der beschaulichen Wintertage, wo dichtes Flockentreiben eine fast kindliche Freude bereitete. Der Winter hatte sich vom sympathischen Gesellen zum launischen Nörgler verwandelt. Schon die Vorbereitung auf die nahende Wintersaison ist immer wieder mit Konflikten und Reibereien behaftet. Eine alljährlich wiederkehrende Tätigkeit ist das Markieren der Gemeindestraßen mit den sogenannten „Schneestecken". Diese dienen vor allem den Lenkern der Räumfahrzeuge zur besseren Orientierung bei der Abgrenzung des Straßenrandes. Ebenso stellen sie für die Verkehrsteilnehmer in der eintönigen Schneelandschaft eine nützliche Kennzeichnung des Straßenverlaufes dar. Die Gemeinde Krasting beschäftigt zwei Mitarbeiter, welche vorwiegend im Außendienst tätig sind. Im Sommer umfassen die Arbeiten vor allem die Pflege der Grünanlagen, die Erhaltung des Straßennetzes sowie eine lange Liste allfälliger Arbeiten an Gebäuden und Einrichtungen. Anfang November wiederholt sich alljährlich das Ritual des Schneestockensetzens. Aus langjähriger Erfahrung hat sich dieser Termin gefestigt. Einzig der Winter zeigt mitunter seine Launen, hält sich nicht an den vorgesehenen Zeitraster und sorgt durch ein viel zu frühes Gastspiel für Ärger und Unruhe.

"Gestern wár ih fast über d' Straß oigfahrn, wei d' Schneestecka nuh oiwei nöt gsteckt hánd. Da Radio hats eh scho a halberte Wocha ankündigt, dass's schneibat wird, aber dö Gmeindöschauer hánd wieder nöt z'samkemma!"

Ähnliche Diskussionen, in verkehrter Betrachtungsweise, gibt es hin und wieder wenige Monate später:

"Iatzt stehnd d' Schneestecka nuh oiwei, obwois scho zwoa Monat nimmer gschneibt hat. Lassens sös leicht heier eh gleih dös ganz Jahr steh."

Eine unerwartete Rückkehr des Winters in gefühlt frühlingshaften Tagen und bereits schneesteckenfreien Straßen, erbost wiederum eine andere Spezies von Dorfbewohnern:

"Wos reißts denn d' Schneestecka oiwei so bald aus, habts leicht Angst, dass s' Wurzeln schlagn!"

Fast immer ist es der erste Schneefall, meist in kaum wahrnehmbarem Ausmaß, welcher einige der Dorfbewohner in eine Art Ausnahmezustand versetzt. Noch sind an ihren Autos die Sommerreifen montiert und ihr gesamtes Empfinden ist in keinster Weise auf den beginnenden Winter eingestellt. Ihr Frust über die nächtliche Verwandlung der herbstlichen Landschaft in ein „tiefwinterliches Krasting" mit einer Schneehöhe von sage und schreibe drei Zentimetern entlädt sich dann in Form eines erbosten Anrufs beim Bürgermeister:

"Gibts leicht eh koan Winterdienst nimmer. Ih bi fast nöt wegkemma, so glatt iss. Ih frag mih, für was dass ih Steuern zahl."

Im Gegensatz zu den „Jammerern", gibt es auch die „Knauserer". Dabei handelt es sich um Dorfbewohner, denen ein Winterdiensteinsatz zu spontan erfolgt. Für sie steht die finanzielle Komponente im Vordergrund.

"Hat leicht Gmeindö zvui Geld, weil wegn den Pátzl Schnee scho wieder da Schneepfluag fahrt?"

Freilich spielt bei solchen Aussagen sehr oft auch die Verkennung der prognostizierten Wettersituation eine Rolle, welche aber in die vorausschauenden Überlegungen der Räumverantwortlichen einzufließen hat.

Beruflich auf ihr Fahrzeug Angewiesene stellen bei widrigen Wetterverhältnissen selten ein Problem dar. Dieser Personenkreis ist auf schlechte Straßenverhältnisse eingestellt und hat gelernt, mit Ausnahmesituationen umzugehen. Meist sind es Gemeindebürger, die an solchen Tagen ohnehin nicht zwingend mit dem Auto fahren müssten, welche die schlechten Zustände beklagen. Franz Grabner hat in den Jahren seines Bürgermeisterdaseins mit solchen Beschwerden umzugehen gelernt. Aus seiner langjährigen Erfahrung weiß er aber: Je kleiner die gefallene Schneemenge ist, desto größer sind die Probleme. Richtige Winterstürme mit Schneeverwehungen und eisigen Temperaturen beruhigen die Gemüter eher. Man findet sich damit ab, dass die Natur ihre Stärke ausspielt und ein Fortkommen nur erschwert möglich ist. Völlig unverständlich ist einigen Gemeindebürgern aber ein anderes Phänomen. Wie kann es sein, dass an gewissen Tagen die Straßen bereits um sechs Uhr früh geräumt sind, während der Schneepflug tags darauf bis tief in den Vormittag seine Runden zieht?

„Habm Gmeindöarbeiter wieder nöt áfkinnt. Heint háns erst um halbö Zehnö min Ráma ferti wordn. Vergangene Wocha hats funktioniert, da is um sechsi oiss grámt gwön. Dös derfs doh nöt gebm, da ghört amoi gscheit dreingfahrn, da Bürgermoaster is oafach z'guat!"

Dass der Schneefall am besagten Tag um vier Uhr früh einsetzte und mit der Räumung gezwungenermaßen erst um sechs Uhr begonnen werden konnte, begreift diese Art „chronischer Nörgler" nicht. In ihrer perfekten Welt haben die Straßen frühmorgens geräumt zu sein. Eine Einstellung, die Hans Riller, der Kurvenwirt, einmal so kommentierte:

„Rámts d' Straß, egal obs schneibt und gfriert, dann iss scho grámt, wann's schneibat wird!"

Bürgermeister Franz Grabner ist sich aber sehr wohl bewusst, dass die Problematik rund um den Winterdienst zu ernsten Problemen führen kann. In einer Zeit, deren Philosophie darin zu bestehen scheint, für jedes negative Geschehen einen Schuldigen namhaft zu machen, ist „höhere Gewalt" ein nutzloser Begriff geworden. Eine Gesellschaft, in der das Wort Regress zur Religion erhoben wird, tut sich schwer auf die Ebene der Eigenverantwortlichkeit zurückzukehren. Die angenommene Selbstverständlichkeit mancher Autofahrer, ungeachtet der Jahreszeit sommerliche Straßenverhältnisse vorzufinden, führt immer wieder zu Unfällen und Karambolagen. Unversehens stehen Winterdienstverantwortliche vor dem Richter und müssen ihre verantwortungsvolle Tätigkeit – nicht selten rund um die Uhr – anhand von Einsatzprotokollen nachweisen.

Der 29. Jänner bringt die angekündigten starken Schneefälle. Seit Mitternacht schneit es ununterbrochen. Erst jetzt, gegen Abend dieses Donnerstags, scheinen die intensiven Niederschläge etwas nachzulassen. Ein mächtiges Tiefdruckgebiet, das sich mit polarer Kaltluft vermischt hat, ist für dieses Extremereignis verantwortlich. Fast 40 Zentimeter beträgt mittlerweile die Schneedecke in Krasting. Schon seit zwei Uhr morgens sind die Räumfahrzeuge der Gemeinde im Einsatz. Nun endlich entspannt sich die Situation, der Schneefall hat aufgehört und es scheint aufzuklaren. Eine eisige Nacht kündigt sich an und der aufkommende Ostwind könnte den Gemeindebediensteten eine kurze Nacht bescheren.

In der expandierten Lage einiger Ortschaften wird der Wind in Kombination mit dem pulvrigen Schnee für massive Verwehungen sorgen.
Beim Kirchenwirt ist auch am heutigen Bürgertag der Stammtisch gut besetzt. Man spricht über den starken Schneefall der letzten Stunden und wie lange wohl der Winter dauern wird. Ebenso sorgt ein dreister Banküberfall in der Bezirksstadt für Gesprächsstoff. Es sind fast immer dieselben, welche sich am Donnerstagstammtisch beim Kirchenwirt einfinden. Hin und wieder kommt auch der Bürgermeister für eine Stunde vorbei. Heute ist Franz Grabner allerdings bei der Abschnittsfeuerwehrtagung in der Nachbargemeinde und wird auch später nicht mehr beim Kirchenwirt zukehren. Ein verlässlicher Stammtischbesucher ist der Rasthofer Lois. Alois Rasthofer wohnt mit seiner Frau in einer entlegenen Ortschaft von Krasting. Noch vor zehn Jahren bewirtschaftete das Ehepaar Rasthofer seine vier Hektar Grund. Einige Kühe, ein paar Schweine und Schafe sowie eine Schar Hühner sorgten beim „Ertlmann", wie der Hausname lautet, für eine Menge Arbeit. Die Ertlmannleute waren die letzten Kleinhäusler von Krasting. Der Grund, auf dem die Ertlmannsölde seit mehr als zwei Jahrhunderten steht, gehörte früher zum nachbarlichen Ertlbauern. Im Zuge von Erbangelegenheiten wurden vier Hektar Grund im Jahre 1799 vom großen Ertlbauern abge-

trennt und dem sogenannten „weichenden Erben" überschrieben. Wie man im Heimatbuch der Gemeinde Krasting nachlesen kann, handelte es sich bei dem „weichenden Erben" um den zweitgeborenen Nachkommen des damaligen Ertlbauern. Wie es die Hierarchie vorsah, übernahm der Erstgeborene später den Ertlbauernhof und dessen Bruder wurde als weichender Erbe der zukünftige Ertlmann. Nur der Ertlbauer ist als Erbhof nach wie vor im Besitz der Familie. Die Ertlmannsölde wechselte im Laufe der Zeit bereits mehrmals den Besitzer. Der Vater von Alois Rasthofer erwarb vor dem Zweiten Weltkrieg das Anwesen. Einzig der Hausname Ertlmann hat die wechselnden Besitzer überdauert. Doch auch die jahrhundertelange Tradition der Hausnamen geht allmählich zu Ende. Die jüngere Generation distanziert sich zunehmend von dieser Bezeichnung, welche ungeachtet des Schreibnamens den allgemein gebräuchlichen Begriff der Liegenschaftsbesitzer darstellt. Im Telefonbuch liest man unter dem Namen Alois und Maria Rasthofer auch noch die Bezeichnung „vulgo Ertlmann". Der Sohn der beiden, welcher sich neben der alten Ertlmannsölde nach langen Behördenwegen und viel Ärger für den Bürgermeister schließlich ein neues Niedrigenergiehaus errichten konnte, steht nur mehr mit Thomas Rasthofer im Telefonbuch. Aufgrund der Pensionierung von Alois Rasthofer verpachteten die Ertlmannleute einen Großteil des Grundes sinnigerweise an den Ertlbauern. Nur mehr den Hausgarten mit den zahlreichen Obstbäumen bewirtschaften sie noch selbst. Im umzäunten Bereich tummeln sich Hühner und Enten. Nach wie vor sind die Eier von den „Ertlmannhühnern" sehr begehrt. Dennoch ist das Ende der alten Ertlmannsölde und somit auch des traditionellen Namens abzusehen. Neben dem futuristischen Haus des Sohnes wirkt das alte „Sacherl", wie diese Art der kombinierten Wohn- und Wirtschaftsgebäude traditionell bezeichnet wurde, fast ein wenig deplatziert. Die alten Rasthoferleute tun sich schwer, in das neue Haus des Sohnes zu übersiedeln.

„Mir pássn da nimmer ein, an altn Bám vosetzt ma nimmer", lautet stets ihre Antwort, wenn sie darauf angesprochen werden. So wie sich bei ihnen allerlei altersbedingte Beschwerden einstellen, nagt auch am Haus der Zahn der Zeit.

„Es zahlt sih nimmer aus, dass ma nuh was herrichtn, da Bua reißt sowieso amoi oiss ab".

Schon bröckelt der Putz von den dicken Mauern der Gebäude und rieselt, der Vergänglichkeit preisgegeben, zur Erde. Jahrelang fuhr der Rasthofer Lois mit seinem Moped zur Arbeit in die Bezirksstadt, wo er als Maurer tätig war. Er besitzt nur den Traktorführerschein und erwarb vor fünfzehn Jahren als erster Krastinger ein führerscheinfreies Leichtkraftfahrzeug.

Dieses sogenannte Mopedauto, bereits sein drittes dieser Art, ist der ganze Stolz vom Ertlmann. Natürlich sorgt das außergewöhnliche Gefährt am Stammtisch häufig für ironische Bemerkungen. Immer wieder wird der Lois auf sein weißes Mopedauto angesprochen. Auch heute, an diesem stürmischen Donnerstag, dauert es nicht lange, bis sich das Gespräch erneut um das Fahrzeug des Rasthofer Lois dreht.

„Ertlmann, ih moa du derfst geh hoamfahrn, da Wind wird oiwei stärker, sunst vorreißt's dih."

Das allgemeine Gelächter unterbricht ein anderer mit der Frage:

„Ab was für Windgeschwindigkeit hebt dein fahrbarer Kofferraum ab?"

Der Rasthofer Lois ist ein lustiger Mann, der solche Scherze durchaus schätzt. Obendrein ist er nicht auf den Mund gefallen und kontert mitunter schlagfertiger, als es den Sprücheklopfern lieb ist.

Gegen 23 Uhr verlässt ein Großteil der Stammtischbesucher das Gasthaus Kirchenwirt. Auch der Ertlmann, Alois Rasthofer, kratzt um diese Zeit das Eis von den Scheiben seines Leichtkraftfahrzeuges. Von allen Stammtischfreunden hat er mit fast vier Kilometern den längsten Nachhauseweg. Während er mit seinem Gefährt schnatternd den Parkplatz des Kirchenwirtes verlässt, fällt sein Blick auf die Kirchenstiege. Der stürmische Ostwind hat das Geländer fast vollständig zugeweht.

Etwa zur selben Zeit trifft auch Bürgermeister Franz Grabner zu Hause ein. Vorher fuhr er noch eine kurze Runde durch das Gemeindegebiet von Krasting. An den bekannten Stellen behindern bereits massive Schneewächten den um diese Zeit – Gott sei Dank – wenigen Verkehr. Aus der Ferne erkannte er zu seiner Erleichterung die im Schneewindgestöber matt blinkenden Gelblichter eines Räumfahrzeuges der Gemeinde. Am Armaturenbrett seines Wagens zeigte eine grüne Anzeige die Außentemperatur dieser kalten Jännernacht: Minus 13 Grad Celsius.

Er glaubte erst kurz eingeschlafen zu sein, als das Heulen der Sirene den Bürgermeister aus dem Schlaf reißt. Ein kurzer Blick auf die Uhr belehrt ihn eines Besseren. Es ist bereits 4.19 Uhr. Schaurig tönt der auf- und abschwingende Ton der Sirene und zerschneidet abrupt die nächtliche Ruhe. Franz Grabner ist augenblicklich hellwach. Beunruhigt geht er in sein Büro und startet seinen Computer. Die Eingabe „Landesfeuerwehrkommando" bringt ihn zur Rubrik „laufende Einsätze". Verstört liest er den Eintrag. „Personensuche in Krasting". Franz Grabner erkundigt sich telefonisch beim Feuerwehrkommandanten über die genaueren Umstände des Einsatzes. Vor allem interessiert ihn natürlich die Identität der vermissten Person. Dabei erfährt der Bürgermeister, dass es sich bei dem Vermissten um Alois Rasthofer, den Ertlmann, handelt.

Dessen Frau erwachte gegen drei Uhr morgens und bemerkte das immer noch leere Bett ihres Gatten. So lange weg zu bleiben, war nie die Art des Mannes, mit dem sie seit bereits 45 Jahren verheiratet ist. Von seinen Stammtischbesuchen kam der Lois bisher immer vor Mitternacht nach Hause. Äußerst beunruhigt weckte Maria Rasthofer ihren Sohn Thomas, welcher den Kirchenwirt telefonisch zu erreichen versuchte, was ihm allerdings nicht gelang. Daraufhin fuhr der Sohn mit seinem Wagen nach Krasting, konnte aber das Fahrzeug des Vaters weder am Parkplatz des Gasthauses, noch auf der Strecke entdecken. Thomas Rasthofer hatte zudem große Mühe auf der stellenweise stark verwehten Straße vorwärts zu kommen. Zunehmend besorgt verständigte er den Feuerwehrkommandanten von Krasting, mit dem Thomas Rasthofer auch eine langjährige Freundschaft verbindet. So kam es schließlich zur Alarmierung und einer großen Suchaktion.
Unheimlich wirkt in diesen frühen Morgenstunden das verschneite Krasting. Weithin sichtbar zucken die Blaulichter der Einsatzfahrzeuge und bereiten der Landschaft ein bizarres Farbenspiel. Noch immer bläst ein starker Ostwind den Schnee über die Straßen, jagt einem Gespenst gleich über die Felder,

deren freigefegte Schollen an den Rücken eines riesigen Krokodiles in einer weißen Unendlichkeit erinnern. An anderer Stelle türmen sich gigantische Schneewächten auf, vom Zufallsspiel der Elemente geschaffene Phantasiegebilde. Auch jetzt, vier Stunden nach Beginn der Suchaktion, ist Alois Rasthofer wie vom Erdboden verschluckt. Die Polizei, welcher die Einsatzleitung obliegt, befragte sowohl den Kirchenwirt wie auch die vorabendlichen Gäste. Mehrere Freunde des Ertlmannes hatten beobachtet, wie er mit seinem kleinen Gefährt wegfuhr. Ohne Zweifel, so die Zeugen, verließ er in gewohnter Richtung den Parkplatz. Man erkundigte sich bei den Gemeindebediensteten, welche seit Stunden mit Räumarbeiten im Einsatz sind. Keinem war der Rasthofer Lois auf den nächtlichen Straßen begegnet. Neben Polizei und Feuerwehr steht auch ein Rettungswagen des Roten Kreuzes bereit. Viele freiwillige Helfer sind schon mehrmals die Wegstrecke vom Gasthaus zur Ertlmannsölde abgefahren, in der Hoffnung, irgend einen Hinweis auf einen möglichen Unfall zu entdecken. Außer höher werdenden Schneewächten und stellenweise widrigen Fahrverhältnissen, war nichts Außergewöhnliches zu bemerken. Es schien alles zwecklos. Alois Rasthofer blieb verschwunden. Maria Rasthofer, die Frau des Vermissten, war völlig verzweifelt und musste vom Hausarzt medizinisch betreut werden.

Die Gerüchteküche in Krasting brodelte. Fast alle Gemeindebürger waren inzwischen über die Situation informiert. Der Sirenenalarm sowie die unübersehbare Präsenz an Einsatzfahrzeugen verliehen den Spekulationen über das Schicksal von Alois Rasthofer eine schaurige Dynamik. Vereinzelt gab es noch Krastinger, denen der nächtliche Alarm entgangen war. So jemanden zu treffen und als erster die Neuigkeit vom „Ertlmanndrama" zu überbringen, stellte für manche Gemeindebürger ein einmaliges Erlebnis dar. Einen völlig Ahnungslosen mit diesem außergewöhnlichen Vorkommnis zu konfrontieren und dabei gekonnt dosiert die Sensationshappen zu servieren, gilt als die Königsklasse des Dorftratsches.
„Ja gua Morgn. Na, was sagst denn zon Ertlmann? Was du woaßt nuh gar nix. Ná, was sö da abgspuid habm muaß. Ná, sie is scho zon dabarma, iatzt háns so lang verheirat und iatzt sowas."
Auf die Frage des ahnungslosen Gegenübers, was den eigentlich passiert sei, kommt nun die Phase der Spekulationen. Um die Spannung nochmals zu heben, werden nun verschiedene Varianten eventueller Szenarien angeführt:
„Nix Genaus woaß ma nuh nöt, aber möglih is oiss. Jednfalls is a gestern auf d' Nacht nimmer von Wirtshaus hoamkemma. Kann sein, dassn umbracht habm, oder dass er abtuscht is. Was woaß ma denn, was in a so an Kuntn oiss einfallt. Da Ertlmann is ja nuh a ganz

a fescher Mann. Vielleicht is a mit oaner abghaut und lasst sös irgendwo guat geh, dawei mia nach eahm suachan. Es kunnt aber áh sei, dass a vounglückt is und iatzt mit dem Haufm Schnee ..."

Von West nach Ost und von Nord nach Süd verbreiteten sich die Gerüchte in Krasting. Fast jeder hatte eine andere Sichtweise. Der Holzhäusl Sepp ist felsenfest davon überzeugt, dass der Ertlmann einem Gewaltverbrechen zum Opfer gefallen ist.

„Ih beobacht dös iatzt scho a guate Zeit. Oiwei mehra so organisierte Bettler hánd unterwegs. Ih sag engs hoid, a söcherna hat an Lois umbracht, hattn irgendwo an Schnee eingschmissn und is mit sein neichn Mopedauto davo. Da Lois, der sei ganz Lebm garbeit hat, kanns sö vo so an Nixnutz umbringa lassn."

Dieser Theorie können die meisten Gemeindebürger etwas abgewinnen. Schon eine kurze Zeit später erzählt man sich in Krasting die erschütternde Begebenheit: Der Rasthofer Lois wurde von einer Ostbande ermordet.

„Iatzt gehts eigentlih grad nuh um dös, dass'sn findn."

Eine weitere Gruppe von Krastingern spekulierte über das Verschwinden von Alois Rasthofer in einem anderen Zusammenhang:

„Es hat doh oiwei ghoaßn, dass sö da Ertlmann mit sein Buam und da Schwiegertochter nöt vosteht. Und dass's eahm dö Schuahschachtl vor d'Nasn hibaut habm, hat eahm áh nöt gschmöckt. Ih sag engs, der is

abghaut, den is dös oiss z'vui wordn oder er hat sö gar umbracht."

Gegen Mittag dieses schwarzen Freitags, dem 30. Jänner, überstürzen sich die Ereignisse. Der Notarzthubschrauber ist 200 Meter vor der Ertlmannsölde gelandet. Dabei handelt es sich um eine Stelle, welche auf einer Straßenseite eine mächtig abfallende Böschung aufweist, während der gegenüberliegende Straßenrand mehrere Meter steil ansteigt. Dieser Straßenabschnitt ist für stets starke Schneeverwehungen bekannt. Im Zweistundentakt fährt deshalb der Schneepflug der Gemeinde an diesem Bereich vorbei und räumt die angewehten Schneewächten von der Straße. Etwas unterhalb der Straßenböschung verflacht das Gelände und weist eine weitläufige Mulde auf. Aufgrund der Vertiefung liegt dort der angewehte Schnee inzwischen fast zwei Meter hoch.

Irgendwie musste der Ertlmann kurz vor seinem Zuhause an dieser Stelle von der Straße abgekommen sein. Sein Leichtfahrzeug kullerte über die Böschung und landete schließlich in der mittlerweile bereits stark zugewehten Vertiefung. Dabei kam Alois Rasthofer im Inneren des Wagens so unglücklich zu liegen, dass er sich aus eigener Kraft nicht mehr befreien konnte. Der starke Ostwind, sowie der mehrmals vorbeifahrende Schneepflug beförderten weitere

Schneemengen von der Straße in die tieferliegende Mulde. Als die Alarmierung erfolgte, war das weiße Fahrzeug von Alois Rasthofer längst unter dem pulvrigen Schnee begraben und nicht mehr auszumachen. Dass er letztendlich doch noch entdeckt wurde, ist einem ausgesprochenen Zufall zu verdanken. Bei einer seiner Räumfahrten am späten Vormittag bemerkte der Gemeindearbeiter einen fehlenden Schneestecken im Bereich dieses Straßenabschnittes. Vermutlich hatte ihn der Ertlmann umgefahren, bevor er über die Böschung stürzte. Der Lenker des Schneepfluges stoppte deshalb sein Fahrzeug und suchte am Wegrand nach der vermuteten Stange. Dabei vernahm er ein eigenartiges Geräusch, welches er anfänglich nicht zuordnen konnte. Wie er später berichtete, hörte es sich an, wie das Jammern eines verletzten Tieres. Beherzt stieg er durch den tiefen Schnee den Abhang hinunter und registrierte dabei das lauter werdende Geräusch. Zweifellos kam der schwache Ton aus dem Schnee, weshalb er nun mit bloßen Händen zu graben begann. Schon bald stieß er auf einen Gegenstand, den er sogleich als Teil eines Fahrzeuges erkannte. Er alarmierte daraufhin umgehend die Einsatzkräfte und setzte seinerseits die Freilegung des Fahrzeuges fort. Das Geräusch, welches ihn letztlich zum Verunglückten Alois Rasthofer führte, war das verzweifelte Hupen des Ertlmannes. Infolge der bereits schwachen Batterie des Fahrzeuges sowie der dicken Schneeschicht, unter welcher das Mopedauto begraben lag, war das Hupsignal nur mehr ganz schwach wahrzunehmen.

Alois Rasthofer hatte ein unwahrscheinliches Glück, dass er diesen Unfall ohne gröbere Verletzungen überstand. Lediglich der linke Arm war gebrochen und neben mehreren Blutergüssen war er auch stark unterkühlt. Dass er fast 12 Stunden bei eisigen Temperaturen, im tiefen Minusbereich überstand, ist zum Großteil der isolierenden Schneeschicht, welche sein Mopedauto bedeckte, zu verdanken. Letztendlich trug auch die Angewohnheit des Ertlmannes, im Winter stets eine Weste und zwei Pullover unter seinem pelzigen Anorak zu tragen, zum glimpflichen Ausgang seines Unfalles bei. Fast feierlich zelebriert er dabei immer wieder das umständliche Anziehen seiner „Mehrschichtbekleidung" vor dem Verlassen von verschiedenen Veranstaltungen.
„Mei Fuhrwerk hoatzt nöt a so und bis ih hoam kimm, wirds sowieso nöt warm drinn", rechtfertigte er sich dann, wenn er aufgrund seiner „Sibirienkleidung" gehänselt wurde. Nun hatte ihm dieses übertriebene Bekleidungsritual vermutlich das Leben gerettet.
Die Medien stürzten sich mit dicken Schlagzeilen auf dieses Ereignis. „Das Wunder von Krasting. Pensionist bei minus 15 Grad zwölf Stunden verletzt im Auto gefangen", betitelte eine Tageszeitung den Vor-

fall. Selbst eine TV-Anstalt begab sich nach Krasting und berichtete ausführlich über dieses Unglück. Der Ertlmann wurde im Spital interviewt. Zum Hergang des Unfalles konnte er nichts berichten. Das Letzte, an das er sich erinnere, sei das zugewehte Geländer der Kirchenstiege gewesen, welches ihm beim Wegfahren auffiel. Erst im Auto bei völliger Dunkelheit setze seine Erinnerung wieder ein und wie er irgendwann verzweifelt zu hupen begann.

Der Mitarbeiter der Gemeinde, welchem die Rettung von Alois Rasthofer zu verdanken war, bekam sowohl vonseiten der Gemeinde als auch vom Land eine Auszeichnung verliehen. Dennoch gibt es in Krasting mehrere Personen, welche dem aufmerksamen Schneepflugfahrer diese Anerkennung missgönnen:

„Wer woaß, warum da Ertlmann überhaupt über d'Straß oigfahrn is. Er kann sö ja an nix mehr erinnern. Ament is nöt gscheit grämt gwön. Warum hat denn da Schneepfluagfahrer dort so genau nahgschaut? Weira a schlechts Gwissn ghabt hat. Und iatzt wird er áh nuh geehrt. Da hört a sö do áf!"

Alois Rasthofer dankt seinem Retter seither jedesmal am 30. Jänner mit einer Einladung zu einem gemeinsamen Essen beim Kirchenwirt, bei der mitunter bis tief in die Nacht feuchtfröhlich gezecht wird. In Krasting wird diese Tradition mittlerweile *„an Ertlmann sein Auferstehungsfeier"* genannt.

Das Lumpengesindel

Es ist bereits eine lange Tradition in Krasting, dass Gemeinderatssitzungen immer an Freitagen stattfinden. Mindestens viermal jährlich, quartalsmäßig aufgeteilt, pünktlich um 19.30 Uhr beginnen die anberaumten Sitzungen des Krastinger Gemeinderates. In den vergangenen Jahren trafen sich die Mandatare mitunter auch fünf- oder sechsmal jährlich zu dringenden Beratungen und den benötigten Beschlüssen. Meist ist das dann der Fall, wenn außergewöhnliche Aktivitäten eine zusätzliche Sitzung erforderlich machen.
Heute, Freitag den 25. März, wird die erste Gemeinderatssitzung im Jahreszyklus stattfinden. Es ist stets der Rechnungsabschluss, welcher dieser Sitzung eine besondere Spannung verleiht. Die Zahlen des vorangegangenen Jahres geben Aufschluss über die Haushaltsführung der Gemeinde. Mit Müh und Not konnte die Gemeinde den ordentlichen Haushalt des abgelaufenen Jahres ausgleichen. Trotz zufriedenstellender Einnahmen aus Kommunalabgaben der dörflichen Betriebe wird das Eis der Gemeinde Krasting in finanziellen Dingen zunehmend dünner. Die gesetzlich geregelten Pflichtausgaben im Gesundheits- und Sozialbereich belasten die Gemeinde von

Jahr zu Jahr mehr. Diese Problematik sorgt bei der Behandlung dieses Tagesordnungspunktes immer wieder für Diskussionen. Die heutige Sitzung dominiert allerdings ein anderes Thema. Unter Punkt 11 der Tagesordnung geht es um die geplante Errichtung eines Schweinestalles. Der Waßtlbauer, Josef Daller, stellt seinen Betrieb von Milchkuhhaltung auf Schweinemast um und will deshalb einen geeigneten Stall errichten. Schon bei der gestrigen Fraktionssitzung der VVP gingen aus diesem Grund die Wogen ziemlich hoch. Viele in Krasting sind über das Ansinnen des Waßtlbauern nicht sehr erfreut.

„Der is nöt weit weg vo da Hofmark, da wern ma in Zukunft sein Dreck wegschmecka derfm. Und wann a sein Adl auf d'Felder führt, stinkts wieder drei Tag nachi."

Den positiven Bescheid des Bürgermeisters als Baubehörde erster Instanz beeinspruchten nun zwei Personen aus der Nachbarschaft des Waßtlbauernhofes. Obwohl fast 300 Meter entfernt, haben sie als Grundstücksanrainer das Recht, gegen den Bescheid zu berufen. Siegfried Noster und seine Partnerin Melanie Benk befürchten eine massive Beeinträchtigung ihrer Lebensqualität durch eine mögliche Geruchsbelästigung. Bürgermeister Grabner ist trotz seiner mittlerweile 15-jährigen Erfahrung beunruhigt. Bereits im Vorfeld gab es auch gegen ihn verbale Übergriffe und Beschuldigungen. Das Thema polarisiert.

Wie üblich ist Franz Grabner bereits um 19 Uhr im Sitzungssaal des Gemeindeamtes anwesend. Noch einmal blättert er die Mappe mit den Tagesordnungspunkten durch und lässt die vom Amtsleiter vorbereiteten Zahlen kurz auf sich wirken. Peter Müller, der Sekretär, wie der langjährige Leiter des Gemeindeamtes üblicherweise genannt wird, betritt nun ebenfalls den Sitzungssaal und nimmt zur Rechten des Bürgermeisters Platz. Noch ist niemand von den Gemeinderäten anwesend. Bürgermeister und Amtsleiter sind seit Jahren ein eingespieltes Team. Man kennt die gegenseitigen Stärken und Schwächen. Viele Schlachten haben sie gemeinsam geschlagen. Vielfach unbemerkt und unbedankt von der Öffentlichkeit, haben sie Situationen im Vorfeld entschärft, noch ehe eine Eskalation den dörflichen Frieden ein weiteres Mal gefährdet hätte. Auch der Amtsleiter merkt die untypische Nervosität von Franz Grabner.
„Tua dö nöt oi, Franz, dös kriagn ma scho. Wer woaß, ob wirklih so vui Neugierige kemman."
Die Problematik rund um das Thema „Schweinestall", lässt eine unüblich hohe Zahl an Dorfbewohnern als Zuhörer erwarten.
Allmählich treffen nun die Gemeinderäte ein. Die 19 Mandatare setzen sich aus 14 Männern und fünf Frauen zusammen. Die politische Konstellation weist zehn der VVP zu, während die BLÖ sechs Mandate auf sich vereint und somit drei der PZW zuzuordnen sind.

Eine eigenartige Spannung liegt über dem sich füllenden Sitzungsraum. Es ist 19.24 Uhr. Bis auf zwei Personen sind bereits alle Gemeinderäte anwesend. Einige neue Gesichter sind unter den Mandataren zu finden. Insgesamt wurden fünf Ersatzgemeinderäte einberufen. Zwei von ihnen müssen vom Bürgermeister vor Beginn des ersten Tagesordnungspunktes vereidigt werden. Sie wurden noch nie zu einer Gemeinderatssitzung bestellt und geloben uneigennützig zum Wohle der Gemeinde nach bestem Wissen und Gewissen zu handeln.

Die hohe Anzahl an Ersatzgemeinderäten erklärt sich durch Punkt 11 der Tagesordnung, der Bausache Schweinemaststall. Für manche Mandatare ist die erklärte „Verhinderung" der Notausgang, um so den Kopf aus der Schlinge einer unangenehmen Abstimmung zu ziehen. Dadurch hofft so mancher auf legale Art persönlichen Unannehmlichkeiten zu entgehen. Denn immer öfter werden Gemeinderäte aufgrund ihres Abstimmungsverhaltens verunglimpft. Obwohl schwierige Entscheidungen fast immer zum Wohle der Gemeinde gefällt werden und auf rechtlichen Grundlagen basieren, sehen sich einzelne mitunter als absichtlich Benachteiligte. Diese „Niederlagen" haben oft die Gemeinderäte durch emotionelle Schuldzuweisungen auszubaden:

„Zo den Falotten sag ih mein Lebta nix mehr, der hat an Gemeinderat gegn meiner gstimmt!"

Es wird deshalb zunehmend schwieriger, geeignete Personen für die verantwortungsvolle Aufgabe des Gemeinderates zu finden. Häufig sind es idealistische Menschen, welche auch in anderen Bereichen durch ihren selbstlosen Einsatz das dörfliche Leben bereichern und dadurch oft an die Grenzen ihrer Belastbarkeit stoßen.

Um 19.29 Uhr ist der Zuhörersektor des Sitzungssaales bis auf den letzten Platz gefüllt. Darüber hinaus stehen im Bereich der Eingangstür ebenfalls noch einige Personen, sodass fast 20 Krastinger Männer und Frauen der kommenden Sitzung lauschen werden. Pünktlich um 19.30 Uhr eröffnet der Bürgermeister mit den bekannten Worten die Sitzung. Nach dem die zwei unvereidigten Gemeinderäte per Handschlag und Unterschrift ihr „Ich gelobe" bekundet haben, steigt der Bürgermeister mit Punkt eins in die Tagesordnung ein. Der Rechnungsabschluss sorgt für wenig Diskussionen. Schon im Vorfeld hat Franz Grabner mit den Fraktionsführern die einzelnen Punkte besprochen. Die Tatsache, dass der Haushalt zumindest ausgeglichen werden konnte und kein Abgang zu beklagen ist, nimmt diesem Punkt den sprichwörtlichen Wind aus den Segeln. Überdies macht sich die Abwesenheit des Ödbauern Max Hofer wohltuend bemerkbar. Auch er hat es diesmal vorgezogen, durch Abwesenheit etwaigen Unannehmlichkeiten rund um Punkt 11 aus dem Weg zu gehen. Die folgenden Tagesordnungspunkte gehen relativ unspektakulär über die Bühne. Das Zur-Kenntnis-Bringen der Protokolle vorangegangener Ausschusssitzungen und die Abänderung der Hundeabgabe werden ohne nennenswerte Wortmeldungen abgehandelt. Um 20.09 Uhr erreicht die Gemeinderatssitzung den erwarteten Höhepunkt. Bei Tagesordnungspunkt 11, Bausache Schweinemaststall-Einbau, Berufung gegen den Bescheid des Bürgermeisters, erklärt sich Franz Grabner als befangen und übergibt den Vorsitz an Vizebürgermeister Gottfried Hängler. Der Vizebürgermeister, selbst Landwirt und deshalb auch emotional auf der Seite seines bauwerbenden Standeskollegen, wirkt in Anbetracht der ihm zugeordneten Rolle als Vorsitzender etwas überfordert. Obwohl ihn der Bürgermeister gemeinsam mit dem Amtsleiter gut in die Sachlage eingeführt hat, merkt man an seinem hektischen Verhalten die fehlende Routine in dieser Angelegenheit. Der Amtsleiter verliest, auf die Bitte des Vizebürgermeisters, den schriftlichen Einspruch von Siegfried Noster und Melanie Benk. Dem Schreiben ist auch eine Unterschriftenliste aus der gesamten Siedlung beigelegt. Fast alle Einwohner dieses Siedlungssplitters mit sieben Häusern haben unterschrieben. Ein Teil von ihnen ist auch unter den Zuhörern zu finden. Eine Tatsache, die das Verhalten der Gemeinderäte beeinflussen könnte, wäre nicht auch der Waßtlbauer mit Gattin und Sohn unter der Schar der aufmerksam Lauschenden.

Seit beinahe einem Jahr läuft inzwischen der Konflikt rund um den geplanten Schweinemaststall. Schon die Bauverhandlung vor mittlerweile 9 Monaten war äußerst spannungsgeladen. An diesem Sommertag hatten sich bereits Siegfried Noster und seine Partnerin Melanie Benk eingefunden und in plumper Art die Pläne des Waßtlbauern kritisiert. Der zuständige Techniker des Bezirksbauamtes wies wiederholt darauf hin, dass eine Geruchsbelästigung aufgrund der technischen Maßnahmen weitgehend auszuschließen sei. Außerdem liege das Haus der beiden Beeinspruchenden nicht in der Hauptwindrichtung. Auch der anwesende Beamte der Abteilung Luftreinhaltung des Landes sah grundsätzlich kein Problem, die Pläne der bauausführenden Firma positiv zu beurteilen. Es kam zu regelrechten Schreiduellen im Hof des Waßtlbauern, bei denen sich besonders Melanie Benk mit Schimpftiraden hervortat. Bürgermeister Grabner hatte als Verhandlungsleiter alle Hände voll zu tun, um zumindest Handgreiflichkeiten abzuwenden. Denn auch der Waßtlbauer sparte nicht mit verbalen Untergriffen. In Anspielung auf die undurchsichtige Herkunft von Melanie Benk, welche gerüchteweise vor Jahren im Rotlichtmilieu als Prostituierte gearbeitet haben soll, wies sie der Waßtlbauer in verletzender Weise zurecht:

„Du muaßt Pápm grad áfreißen, du Goizn du abgstandnö. Hast dö doh früher eh selbm an Dreck gwu-

zelt und d'Saubärn abbusselt. Und iatzt stingats ihra geh z'vui a da Mádám!"

Der Bürgermeister schritt daraufhin energisch ein und ermahnte den Waßtlbauern, sich in seiner Wortwahl zu mäßigen. Siegfried Noster und Melanie Benk verließen in der Folge laut schimpfend die Verhandlung und kündigten dabei an, durch ihre Einsprüche das Ansinnen des Waßtlbauern mit Sicherheit zu Fall zu bringen:

„Sie werdn sih nuh wundern, sie primitiver Bauernlümö. Ihre versautn Pläne kinnans ihna in Arsch stecka. Den Stall bauns jednfalls mit Sicherheit nöt!"

In den folgenden Wochen besuchten die beiden mit einer Liste aufgereihter Argumente gegen den geplanten Bau jedes Haus in ihrer Siedlung und überzeugten die meisten Anwohner, durch ihre Unterschrift die Bedenken gegen den geplanten Schweinemaststall kundzutun. Fast alle unterschrieben, teils aus tatsächlicher Sorge über eine zukünftige Geruchsbelästigung, teils wegen der Hartnäckigkeit der beiden Aufwiegler. Im Schatten dieser Unterschriftenaktion kam es zu einer Groteske, die beinahe zu einem ernsten ehelichen Streit geführt hätte. Die Frau eines Automechanikers unterschrieb nichtsahnend ebenfalls die dargebotene Liste. Als ihr Mann Tage später davon erfuhr, beschimpfte er sie wegen ihres unüberlegten Handelns.

„Bist du iatzt ganz närrisch wordn, da Waßtlbauer is a guate Kundschaft vo unserna Firma. Er hat scho dös dritt Auto bei uns kauft. Wann dös mein Chef erfahrt, dass du da áh unterschriebm hast, entlasst a mih. Sofort machst den Bledsinn rückgängi!"
So blieb der so Gescholtenen nichts übrig, als sich unter heftiger Kritik von Melanie Beck wieder von der Liste streichen zu lassen.

Nachdem der Amtsleiter den Gemeinderäten den Text der Berufung gegen den Bescheid des Bürgermeisters zu Gehör brachte, tritt eine fast gespenstische Stille ein. Der Vizebürgermeister scheint nach Worten zu ringen. Hilfesuchend blickt er in Richtung Amtsleiter, welcher ihm zu verstehen gibt, er solle den Wortlaut der Fachgutachten den Gemeinderäten nochmals zu Gehör bringen. Erst jetzt scheint sich der Vizebürgermeister an diese vorweg abgesprochene Notwendigkeit zu erinnern. In abgekürzter Form liest er den Bescheidentwurf vor und stolpert dabei mehrmals über den amtlich juristischen Stil des Geschriebenen. Schweißperlen stehen ihm auf der Stirn, als er im Anschluss an das Gelesene seine Frage nach Wortmeldungen in den Raum stellt:
„Gibts da iatzt irgendwas dazua. Mecht da wer was sagn?"
Die Gemeinderäte blicken verlegen auf die Unterlagen vor ihnen. Einer kramt in seiner Hosentasche

umher und befördert umständlich ein Taschentuch zur Nase. Die Situation ist den meisten unangenehm. Die Anwesenheit beider Parteien in der mittlerweile zur Streitsache mutierten Angelegenheit hemmt etwaige Stellungnahmen vonseiten der Mandatare. Man weiß von ähnlichen Fällen in vergangenen Jahren und Jahrzehnten. Wie immer auch über den gegenwärtigen Fall abgestimmt wird, es kann nur einen Gewinner geben. Der Unterlegene wird das Resultat letztendlich persönlich nehmen.

Ein Dorf in der Größe von Krasting ist fast mit einer großen Familie vergleichbar. Hier kennt man sich gegenseitig, teilt Freud und Leid im Jahreslauf, nimmt Anteil an Schicksalsschlägen, aber genießt auch immer wieder die Schadenfreude über Missgeschicke allzu aktiver Mitbürger:
„Iatzt, bevor a geh komplett aus da Kráxn gstiegn wár, is a auf d'Fotzn gfalln. Dös schadt eahm nöt, iatzt woaß a wenigstens wieder, wo a highört."
Nachdem es keine Wortmeldungen gibt, ergreift der Vizebürgermeister erneut das Wort:
„Mir kinnan sowieso nöt aus, mir müaßn den Bescheid von Bürgermoaster eh bestätign, wei ja alle Gutachtn positiv hánd. Mir kinnan ja nöt gscheider sein, wia d'Expertn. Und überhaupt, da Waßtlbauer is sein Lebta a Bauer gwön und äh seine Vorfahrn hánd Bauern gwön, da werd a doh woih an Saustall baun derfm."

Diese Aussage ist dem Vizebürgermeister wichtig. Damit unterstreicht er seine persönliche Meinung in dieser Angelegenheit. Als langjähriger Freund und Jagdkamerad des Waßtlbauern will Gottfried Hängler mit dieser Bemerkung die Fronten klar abstecken. Unter den Zuhörern fällt undeutlich das Wort „Freunderlwirtschaft". Verhaltenes Gelächter veranlasst den Vizebürgermeister dazu, Ruhe bei den Zuhörern einzumahnen. Nun melden sich nacheinander die Fraktionsvorsitzenden der PZW und BLÖ zu Wort. Besonders bei der BLÖ merkt man das Fehlen vom Ödbauer Max Hofer. Bisher entschuldigte er sich nur bei zwei Sitzungsterminen in seiner fast 20-jährigen Tätigkeit als Gemeinderat. Er ist deshalb eine Art Parteiübervater, der mit seinen opportunistischen Bemerkungen immer wieder für heiße Diskussionen sorgt. Sein Stellvertreter hat nicht annähernd die Durchschlagskraft eines Ödbauern. Auch jetzt ist seine Wortmeldung nichtssagend:

„Da Waßtlbauer hat auf jeden Fall dös Recht, dass a an Saustall baun derf. Aber ma muaß scho auf dö Anrainer áh denga."

Ähnlich äußert sich auch der Fraktionsobmann der PZW:

„Dös werd ma woih irgendwie firanand bringa. An Saustall und a Lebensqualität."

Diese Aussage sorgt erneut für Gelächter unter den Zuhörern. Ein dem Waßtlbauern nicht besonders gut gesinnter Gemeinderat von der PZW meldet sich nun ebenfalls zu Wort:

„Mir persönlich hánd dö Auflagn a weng zweng. Da ghört nuh eingschriebm, dass da Waßtlbauer sein Betrieb sofort stilllegen muaß, balds amoi über an längern Zeitraum stinkt."

Kräftiger Applaus und Bravorufe aus den Reihen der Zuhörer sind die Folge. Diese Aussage erbost nun den Waßtlbauern. Obwohl er als Zuhörer nur auf Erlaubnis des Verhandlungsleiters das Wort ergreifen dürfte, macht er einen emotionellen Zwischenruf:

„Da redt da Richti, der eh oi dámlang Plástik vobrennt, dass dös halbert Dorf stinkt. Und sowas is a Gemeinderat!"

Das wiederum ruft nun Melanie Beck auf den Plan:

„Was reißen denn sie ihna Pápm überhaupt auf, sie undisziplinierter Gummistiefelfetischist!"

Dem Vizebürgermeister droht die ordnungsgemäße Sitzungsführung zu entgleiten. Bürgermeister Grabner gibt seinen Vize mit einem Handzeichen zu verstehen, nun energisch durchzugreifen. Gottfried Hängler droht daraufhin den Sitzungssaal räumen zu lassen, wenn nicht augenblicklich Ruhe einkehre.

Weitere Wortmeldungen bleiben in der Folge aus, sodass der Vizebürgermeister um Abstimmung bittet. Der Beschluss der Abweisung der vorliegenden Berufung gegen den Bescheid des Bürgermeisters fällt ziemlich eindeutig aus. Nur sehr zaghaft geben die Mandatare ihre Handzeichen. Einige heben nur kurz den Zeigefinger, weshalb der Vizebürgermeister mehrmals um ein deutliches Handzeichen bittet. Fast hat es den Eindruck, einige Gemeinderäte möchten ihre Zustimmung verdeckt halten. Bürgermeister Franz Grabner enthält sich der Stimme wegen Befangenheit. Allen übrigen Gemeinderäten ist die Situation dennoch klar. Rein rechtlich können sie nur den Bescheid des Bürgermeisters bestätigen, welcher auf positiven Fachgutachten fundiert. Ein Abstimmungsergebnis zugunsten der berufenden Partei, könnte rechtliche Konsequenzen für die Gemeinderäte, bis hin zur persönlichen Haftung nach sich ziehen.

Nach diesem turbulenten Punkt der Tagesordnung übergibt der Vizebürgermeister den Vorsitz wieder an Franz Grabner, während die Hälfte der anwesenden Zuhörer den Sitzungssaal verlässt. Siegfried Noster und Melanie Benk tun während ihres Abganges aus dem Sitzungsraum lautstark ihren Unmut über die Abstimmung kund, indem sie die Gemeinderäte ein *„armseliges Lumpengesindel und obrigkeitshörige Bauernschleimer"* nennen.

Punkt 12 der Tagesordnung verspricht nun einen weniger dramatischen Verlauf. Es geht um einen Beihilfeantrag der Ortsbauernschaft zur Bisamrattenbekämpfung. Doch, wie so oft, zeigen auch vermeintliche Routineangelegenheiten Ecken und Kanten. Die Ortsbauernschaft stellt den Antrag, pro gefangener Bisamratte eine Unterstützung von drei Euro zu gewähren. Dadurch erhoffe man sich der zunehmenden Plage Herr zu werden. Als Beweis für jedes zur Strecke gebrachte Tier solle der Schwanz desselben vorgelegt werden. Auf die Frage des Bürgermeisters, ob es dazu Wortmeldungen gebe, erheben sich gleich mehrere Hände. Nacheinander werden nun die Einwände vorgebracht:

„*Ih sagat, da ghört zerscht amoi abklärt, ob der, der dö Schwánz' übernimmt, überhaupt an Bisamratznschwoaf vo an Häuslratznschwoaf unterscheidn kann. Nöt dass da mit dö Schwärf a Schindluader triebm wird und mir derfms zahln.*"

Nach längerer Diskussion schlägt der Bürgermeister vor, dass der Jagdleiter als neutrale Instanz, die Echtheit der abgelieferten Schwänze bestätigen solle. Ein Mandatar der PZW sieht darin allerdings eine Gefahr:

„*Was, da Jagdleiter, der dann womöglih selber an mehran fangt, soid dös bestätign, dös kanns ja doh nöt sein. An gscheidan wár's, wann dö Schwánzl auf Gmeindö bracht wurchtn.*"

Der Bürgermeister weist diese Idee entschieden zurück und gibt zu bedenken, dass am Gemeindeamt genug andere Arbeiten anfallen. Man könne sich nicht auch noch mit Bisamrattenschwänzen herumschlagen. Ein Ersatzmandatar ist der Meinung, man solle die Schwänze konservieren, um die Stückzahl dann halbjährlich vom Gemeinderat kontrollieren zu lassen: *"Wás nöt an gscheidan, wann ma dö Schwánzl in a Gfriertruah toan und dann nah da nächstn Sitzung gemeinsam zoihn. Dann gábs koa Misstraun. Und jeder, der oan gfangt hat, soid a Pickerl mit sein Nam aufitoa, dass hintnah nöt zon strein wird, vo wem da Schwoaf is."*

Eine Gemeinderätin vertritt die Ansicht, drei Euro pro erlegter Bisamratte seien zu viel:
"Wer sagt uns denn, dass dö Bisamratzn alle vo Krasting hánd. Amend fallts wem ein und der fahrt a da ganzn Gegnd umanand und tuat Ratzn fanga und mia müaßns finanziern. Dös is áh a Kostnfrage, dös müaß ma uns áh leistn kinna. Immerhin redn ma da vo mehrere hundert Ratzen pro Jahr!"

Nach langer Diskussion einigt man sich darauf, den Punkt von der Tagesordnung zu nehmen und über ihn in einer eigenen Sitzung des Umweltausschusses eingehend zu beraten, ehe man ihn bei einer der nächsten Sitzungen erneut behandeln solle.

Bei Punkt 13 der Tagesordnung geht es um die Darlehensvergabe für die Ausfinanzierung der neuen Straßenbeleuchtung. Die Aufnahme eines Darlehens in der Höhe von 200.000 Euro bei der ortsansässigen Bank als Bestbieter wird ohne weitere Wortmeldungen einstimmig beschlossen.

Der Punkt „Allfälliges" glänzt durch die üblichen Anfragen und Bemängelungen. Kurz nach 21 Uhr schließt der Bürgermeister die Sitzung. Der vertraute Spruch ist ihm in den Jahren bereits zur Routine geworden:
„Nachdem die Tagesordnung erschöpft ist und sonstige Anträge und Wortmeldungen nicht mehr vorliegen, schließe ich die Sitzung um 21.10 Uhr."

Ein Teil der Gemeindemandatare kehrt noch beim Kurvenwirt ein. Es ist eine lange Tradition in Krasting, dass die Gemeinderäte ihre Sitzungen in einem der beiden Krastinger Gasthäuser ausklingen lassen. Es wird das letzte Mal sein, dass man bei Hans Riller, dem „Kurvenwirt", einkehrt. Mit 31. März wird er sein Gasthaus für immer schließen. Schon jetzt hat er nur mehr Freitag und Samstag geöffnet. Hans Riller ist in die Jahre gekommen. Dennoch übt der mittlerweile 77-Jährige sein Wirtsgeschäft nach wie vor mit Leidenschaft aus. Die Demenzerkrankung seiner Frau zehrt nun zunehmend an seinem bekannt fröhlichen Wesen. Er, der nie um eine Antwort verlegen war, wirkt nun fast ein wenig zerbrechlich. Schweren Herzens gab er deshalb bereits vor einigen Monaten den geplanten Schließungstermin bekannt. Neben dem nach wie vor fehlenden Lebensmittelnahversorger gibt es in Zukunft mit dem Kirchenwirt nur mehr ein Wirtshaus in Krasting.

Der Bürgermeister verlässt gegen 23.45 Uhr das Gasthaus. Es ist ihm schwer ums Herz, als er sich beim Kurvenwirt mit den besten Wünschen für die Zukunft verabschiedet. Der Geruch von frischer Erde umfängt ihn, als er auf die Sraße vor dem Gasthaus tritt. Frühlingsgeruch, ein seit Kindertagen vertrautes erdiges Erahnen. Es ist ein frühes Jahr, das bereits jetzt die Feldarbeit ermöglicht. Seit mehreren Wochen hat es nicht mehr geregnet und die viel zu hohen Temperaturen bewirken eine bereits üppige Vegetation. Schon wogt das junge Gras ungewöhnlich hoch auf den öffentlichen Rasenflächen der Gemeinde. Jetzt, da erst vor wenigen Tagen der Splitt aus den Straßen und Wegen gekehrt wurde und die Schneestecken von den Straßenrändern verschwanden, erinnert das erfrischende Grün bereits an die beginnende Mähsaison. Eine Wortmeldung unter dem Punkt „Allfälliges" bei der Gemeinderatssitzung betraf bereits dieses Thema:
„Wann wird den geh da Rasn rund um d'Schui gmäht, dös schaut ja scho grausli aus."
Oft, sehr oft in den letzten 15 Jahren ging der Bürgermeister nach Sitzungen oder anderen dörflichen Veranstaltungen um diese Uhrzeit nach Hause. Vielfach in Gedanken über Vorkommnisse, von denen er eben erfahren hatte und welche sich zu Problemen auszuwachsen drohten. Manchmal banale Dinge, Angenehmes und Unangenehmes, zum Schmunzeln

und – manchmal auch zum Weinen. Franz Grabner schätzt dieses nächtliche Heimgehen, diese kurzen Auszeiten, wie er sie bezeichnet. Das Durchatmen nach oft verrauchten Stunden in engen Räumen, geschnürt in vererbte Korsette. Das befreiende Loslösen nach Gehörtem und Unerhörtem, beim Gang durch die Nacht. Ein Versuch des Hinübergleitens in den Korridor privater Gedanken, während ihn das Dorf, sein Dorf, dennoch schemenhaft begleitet. Wie viel sich doch während seiner bisherigen Amtszeit verändert hat. Seit einigen Jahren obliegt bereits seinem Sohn die Leitung seiner kleinen Firma. Wie er es früher geschafft hat, Betrieb und Gemeinde unter einen Hut zu bringen, ist ihm im Nachhinein betrachtet manchmal ein Rätsel. Gegenwärtig, so empfindet er, wäre ihm das nicht mehr möglich. Zu sehr hat sich das Anforderungsprofil eines Bürgermeisters in den Jahren verdichtet.

Auch morgen stehen wieder einige Termine in seinem Kalender. Jahreshauptversammlung der Musikkapelle und schon am Nachmittag die Geburtstagsfeier einer 80-jährigen Gemeindebürgerin. Selbst der Montag beschäftigt den Bürgermeister bereits in Gedanken. Eine Wasserrechtsverhandlung mit ungewissem Ausgang steht um 9 Uhr am Programm, ehe am Nachmittag die Prüfungsausschusssitzung des Sozialhilfeverbandes in der Bezirkshauptmannschaft stattfindet. Dinge, welche mittlerweile zur Routine geworden sind, aber dennoch immer wieder eine Herausforderung darstellen.

Zu Hause angelangt, blättert Franz Grabner noch ein wenig in der Zeitung des Vortages. Es ist bereits kurz nach Mitternacht. Zaghaft beginnt es zu regnen. Dem Ticken einer Uhr gleich klingt das Geräusch der aufschlagenden Tropfen am kupfernen Fensterblech, während im Haus des Bürgermeisters das Licht erlischt.

Epilog

Längst war der Donauwalzer verklungen. Vereinzelt vernahm man noch detonierende Feuerwerkskörper. Das Spektakel verebbte. Wie nach einem heftigen Sommergewitter zuckten noch schüchterne Blitze durch die Nacht, denen ein bescheidenes Grollen folgte. Das neue Jahr war installiert. Schon tropften wieder die Minuten des beginnenden Jahres, bildeten Zeitstalaktiten im endlichen Daseinsgewölbe. Noch standen die Gäste der Silvesterfeier im Raum, als hätte ihnen der Jahreswechsel die Sitzmöglichkeit geraubt. Handys läuteten fortwährend. Man überbrachte Neujahrswünsche. Halbvolle Sektflaschen, Lachsbrote und Schokoladenhufeisen bildeten die Kulisse zum Stimmengewirr der mitternächtlichen Stunde. Immer noch blickte Franz Grabner aus dem Fenster. Die Silbertanne war verschwunden, von der Nacht verschluckt. Sie hatte ihren Auftritt gehabt, als ihr Geäst in der Farbenpracht der Raketen erstrahlte. Immer wieder stand sie hell erleuchtet im Mittelpunkt. Bei besonders grellen Detonationen bemerkte man wohl den Rauch, der durch ihr Geäst kroch und sie schleierhaft umhüllte. Manchmal wirkte sie dadurch elend, ehe sie ein neues Farbenspiel zu verzaubern vermochte. Nun konnte man ihre Gegenwart nur mehr erahnen, von der Schwärze der Nacht liebevoll behütet. Morgen wird sie eine von vielen sein, dachte Franz Grabner. Ein Baum unter Bäumen. Irgend jemand betrat von draußen kommend den Raum.

„*Regna tuats, ná Mahlzeit, da wirds hei. Immerhin habm ma fünf Grad minus!*"

Und zu Franz Grabner gewendet ergänzte er:

„*Du werst frouh sein, dass di dös ganz Theater iatzt nix mehr angeht.*"

„*Ja*", erwiderte der Bürgermeister a. D., obwohl er wusste, dass er log.

Die Gemeinde Krasting gibt es nicht. Sie ist als fiktives Dorf irgendwo im oberösterreichischen Innviertel angesiedelt. Sollte sich ein Leser in meinen Figuren zu erkennen glauben, sei ihm das unbenommen. Dennoch kann ich ihm versichern, dass ich ihn nicht gemeint habe.

Inhaltsverzeichnis

Prolog 5

Von einem der auszog, das Fürchten zu lernen ... 8

Des Kaisers neue Kleider 21

Alles am rechten Platz 35

Die Galoschen des Glücks 43

Der Schatten 55

Die drei Sprachen 61

Etwas 71

Das kalte Herz 77

Die zwölf Jäger 89

Hänsel und Gretel 108

Das Wasser des Lebens 118

Die goldene Gans 125

Hans im Glück 131

Frau Holle 153

Das Lumpengesindel 172

Epilog 191

Bislang erschienene Bücher:

Karl Pumberger-Kasper
Scheidakliabm und Öpfibrocka
104 Seiten, 13 x 21 cm,
€ 14,50, Hardcover
ISBN 978-3-900847-59-3

Karl Pumberger-Kasper
ebbs Neichs
116 Seiten, 13 x 21 cm
€ 14,50, Hardcover
ISBN 3-902121-18-1

Karl Pumberger-Kasper
aufgschnappt & niedergschriebm
116 Seiten, 13 x 21 cm
€ 14,50, Hardcover
ISBN 3-902121-48-3

Karl Pumberger-Kasper
Hehna Augn Pflåsta
120 Seiten, 13 x 21 cm
€ 14,50, Hardcover
ISBN 978-3-902121-74-5

Karl Pumberger-Kasper
obm is unt & unt is obm

124 Seiten, 13 x 21 cm
€ 14,50, Hardcover
ISBN 978-3-902684-07-3

Karl Pumberger-Kasper
áfpláttlt

128 Seiten, 13 x 21 cm
€ 14,50, Hardcover
ISBN 978-3-902684-24-0

Karl Pumberger-Kasper
„dudlgsågt" (CD, 71 Min.)

10 heitere Geschichten

Musikalisch umrahmt von den 2-Viertel-Dudlern,
€ 12,-

Bestellungen werden schriftlich oder telefonisch jederzeit gerne entgegengenommen:

Karl Pumberger-Kasper
Hofmark 28/2, A-4942 Gurten, Tel.+Fax: 07757/6474
E-Mail: karl.pumberger@gmail.com, www.karl-pumberger.at